U0487302

了不起的
列车运行图

陈 韬 吕红霞 编著

西南交通大学出版社
·成 都·

图书在版编目（CIP）数据

了不起的列车运行图 / 陈韬，吕红霞编著. -- 成都：西南交通大学出版社，2024.4
ISBN 978-7-5643-9796-8

Ⅰ.①了… Ⅱ.①陈… ②吕… Ⅲ.①列车运行图 - 设计 Ⅳ.①U292.4

中国国家版本馆 CIP 数据核字（2024）第 076153 号

Liaobuqi de Lieche Yunxingtu
了不起的列车运行图

陈 韬 吕红霞 **编著**

责任编辑	何明飞
封面设计	曹天擎

出版发行	西南交通大学出版社 （四川省成都市金牛区二环路北一段 111 号 西南交通大学创新大厦 21 楼）
邮政编码	610031
营销部电话	028-87600564　028-87600533
网址	http://www.xnjdcbs.com
印刷	四川煤田地质制图印务有限责任公司

成品尺寸	170 mm × 240 mm
印张	11
字数	163 千
版次	2024 年 4 月第 1 版
印次	2024 年 4 月第 1 次
定价	58.00 元
书号	ISBN 978-7-5643-9796-8

图书如有印装质量问题　本社负责退换
版权所有　盗版必究　举报电话：028-87600562

前 言

在我国，轨道交通已经成为公众日常出行的重要方式，其规模和水平处于世界领先。本书运用生动活泼的语言，图文并茂、通俗易懂地介绍了轨道交通运输中列车运行图的相关理论与技术，使公众认识列车运行图在轨道交通运输中的重要地位和作用，初步了解列车运行图的工作原理、编制方法、关键技术以及研究动态，体验列车运行图科学工作的奥妙，理解轨道交通科研及工作人员的精益求精及迎难而上的精神，最终形成对轨道交通运输工作的正确认知。本书主要包括三部分内容：第一部分是列车运行图的基本概念及功能特点，第二部分是铁路列车运行图的基本原理、编制方法及发展动态，第三部分是城市轨道交通列车运行图的基本原理、编制方法及发展动态。本书可作为铁路运输从业者和社会大众的科普用书。

本书的编写与出版得到了四川省科学技术厅的关怀和资助（项目编号2022JDKP0063），在此表示真诚的感谢。

本书由陈韬、吕红霞编著，先文怡、李维妮等参与了本书的资料收集和编写工作，倪少权、李雪婷、潘金山、陈钉均、吕苗苗等为本书的完成提供了许多研究成果和经验，在此对他们表示诚挚的感谢。

本书在编写过程中参阅了许多国内外著作、学术论文等资料，在此谨向有关资料的作者表示衷心的谢意。

由于水平有限，不妥之处敬请广大读者批评指正。

作 者

2023年10月

目 录

第一篇　列车运行图概述 / 001

第一章　溯源列车运行图　　　　　　　　　　　　003
　　第一节　从一张时刻表说起　　　　　　　　　003
　　第二节　轨道交通系统与列车运行图　　　　　009
第二章　看懂列车运行图　　　　　　　　　　　　016
　　第一节　列车运行图大解析　　　　　　　　　016
　　第二节　了解列车运行图类型　　　　　　　　028
第三章　自制列车运行图　　　　　　　　　　　　032
　　第一节　编图入门　　　　　　　　　　　　　032
　　第二节　开始编图吧　　　　　　　　　　　　039
第四章　列车晚点　　　　　　　　　　　　　　　048
　　第一节　为什么列车会晚点？　　　　　　　　048
　　第二节　应对列车晚点　　　　　　　　　　　050

第二篇　铁路列车运行图 / 057

第一章　列车运行图编图大会邀请函来了　　　　　059
第二章　面面俱到的旅客列车运行图　　　　　　　065
　　第一节　旅客列车大家族　　　　　　　　　　065
　　第二节　旅客列车开行方案　　　　　　　　　071
　　第三节　编制旅客列车运行图　　　　　　　　073

第三章　速度！货物列车运行图　　　　　　　　086
　　第一节　货物列车快还是慢？　　　　　　　086
　　第二节　货物列车运行图的编制　　　　　　094
第四章　奔向未来的铁路列车运行图　　　　　　102
　　第一节　计算机编制列车运行图　　　　　　102
　　第二节　各具特色的铁路列车运行图　　　　106

第三篇　城市轨道交通列车运行图／115

第一章　单纯但不简单的城轨列车运行图　　　　117
　　第一节　单纯的城轨列车运行图　　　　　　117
　　第二节　不简单的城轨列车运行图　　　　　121
　　第三节　城轨列车运行图的编制　　　　　　127
第二章　成网条件下的城轨列车运行图　　　　　143
　　第一节　城市轨道交通网络化运输组织特点　145
　　第二节　成网条件下的城轨列车运行图编制　149
第三章　奔向未来的城轨列车运行图　　　　　　159
　　第一节　城轨列车运行图编制发展动态　　　159
　　第二节　各具特色的城轨运行图　　　　　　162

参考文献／169

第一篇

列车运行图概述

在生活中，不管是日常通勤还是外出旅游，越来越多的人选择轨道交通出行，轨道交通也在人们的生活中扮演着越来越重要的角色。轨道交通运输系统为什么能够做到便捷而准时呢？这得益于轨道交通是一个近乎封闭的精密运转系统。该系统由很多部门、很多工种、很多技术设备近乎完美地相互配合共同运作，确保了列车开行的准点性、规律性。那么，是什么在协调和保证轨道交通的精密运转的呢？答案就是"列车运行图"，是它把整个轨道交通系统的运输生产活动联系成为统一的整体，实现了列车的安全高效运行。

本篇将从大家熟悉的列车时刻表说起，介绍列车运行图的前世今生，让大家能轻松了解什么是列车运行图，怎么看懂列车运行图以及如何编制简单的列车运行图，从而揭开轨道交通运输系统神秘的面纱。

第一章 溯源列车运行图

第一节 从一张时刻表说起

大家在买火车票的时候是否留意到卖票窗口展示的包含每趟列车发车时间、到站时间、班次、经停车站等信息的列车时刻表，在等地铁的时候是否看见车站显示的首末班车时刻？比如图1.1.1，大家是否感觉很熟悉？列车时刻表——无论是纸质的还是数字的——都是旅客出行前查询和了解列车运行停靠站点、时间的重要来源，是把旅客和运输企业联系起来的重要纽带。看起来平平无奇的列车时刻表，可是大有来历的，走近列车运行图之前，让我们一起先了解一下列车时刻表吧。

图1.1.1　列车时刻表

一、铁路时间标准化——列车时刻表

如果有一项技术创新刷新了19世纪人们对时间的认知，那绝对就是铁路。时间的精确性和规律性迅速成为铁路运营的基础，这是当时其他的运输方式或技术所不具备的，反过来，铁路本身也成为计时和定时运营的象征。1814年，英国第一台蒸汽机车的问世，促使铁路运输进入大发展时期。随着铁路网络的不断扩大，人们发现沿线停靠车站所在城镇时间的不同步、不精准，不仅容易引发列车运行事故，而且容易使旅客错过乘车时间。在此背景下，1840年11月，英国西部铁路公司（Great Western Railway）使用了一个叫作"铁路时间"（Railway Time）的计时系统，要求系统内所有城市的时间都使用伦敦时间（格林威治标准时间），首次实现了不同地点的时间的标准化和同步化。接下来的7年里，"铁路时间"逐渐被英国的所有铁路公司使用。1850年的北美铁路、1860年左右的印度和欧洲铁路都采用了单一标准时间。统一"铁路时间"的建立，便于精确计算火车的出发时间和到站时间，为列车时刻表的制作和发行奠定了基础。值得一提的是，1880年英国政府立法在英国全国建立了单一标准时间和单一时区，铁路时间的标准化成为世界标准时制度建立的重要推动力之一。

据历史学家研究，英国人乔治·布拉德肖（1801—1853）于1839年发行了世界上第一本列车时刻表《布拉德肖铁路指南》，它同时也是一本旅游指南，其中有精确的列车时刻表以及旅行地点的介绍，该书直到1961年才停止发行。当时英国处于维多利亚时代，英国铁路由多家铁路公司独立运营，每家铁路公司都各自发布自己的时间表，《布拉德肖铁路指南》作为第一本综合性时刻表横空出世，给当时人们的出行带来了极大的便利。图1.1.2和图1.1.3分别展示了《布拉德肖铁路指南》中的时刻表和该书的封面。

图1.1.2　1850年《布拉德肖铁路指南》中的时刻表

图1.1.3　1839年第三版《布拉德肖铁路指南》

今天的列车时刻表，根据使用需求的不同，内容可以有详有略，版式也是多种多样。比如，简表只提供主要车站的运行信息，详表不仅提供所有车站的运行信息，还提供运行区间的行车速度、行车距离等信息。列车时刻表可以印刷为书籍、小册子、通卡片、纸张、海报，或显示在背光显示屏上，或在网络上发布或以短信或文本消息的形式发布。列车时刻表已经成为人们日常出行必不可少的重要工具。图1.1.4所示为我国曾经发行过的列车时刻表，图1.1.5所示为可以查询列车时刻表的两个网站。

二、列车时刻表中的列车时刻信息是如何确定的？

本书的主角——列车运行图出场了。列车时刻表的编制是以列车运行图为依据的，列车时刻表实际上是列车运行图的表格化形式。具体来说，列车运行图是运用二维坐标原理来表示列车在区间运行，在车站到、发、通过时刻和停车时分的一种图解形式。在列车运行图上，横轴代表时间，纵轴代表车站，斜线代表列车随着时间变化

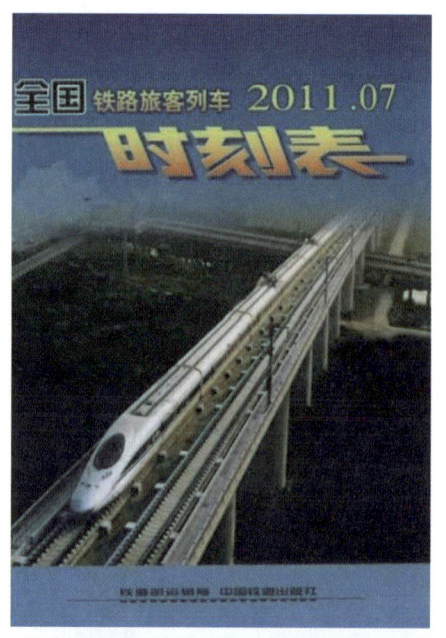

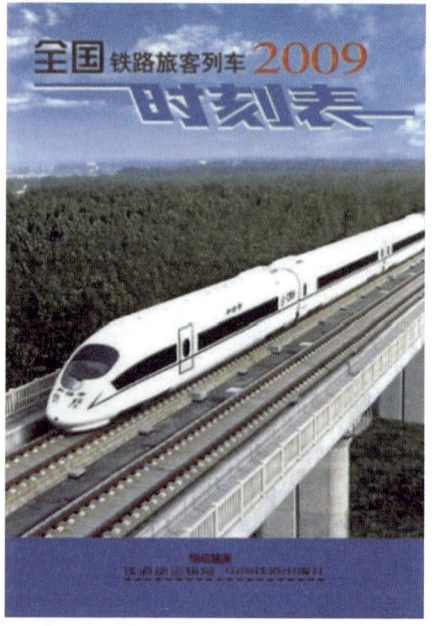

图1.1.4 全国铁路旅客列车时刻表

在沿线的运行情况。图1.1.6所示为世界上第一张铁路列车运行图——法国巴黎—里昂。据说，列车运行图是由19世纪80年代的法国科学家艾蒂安·朱

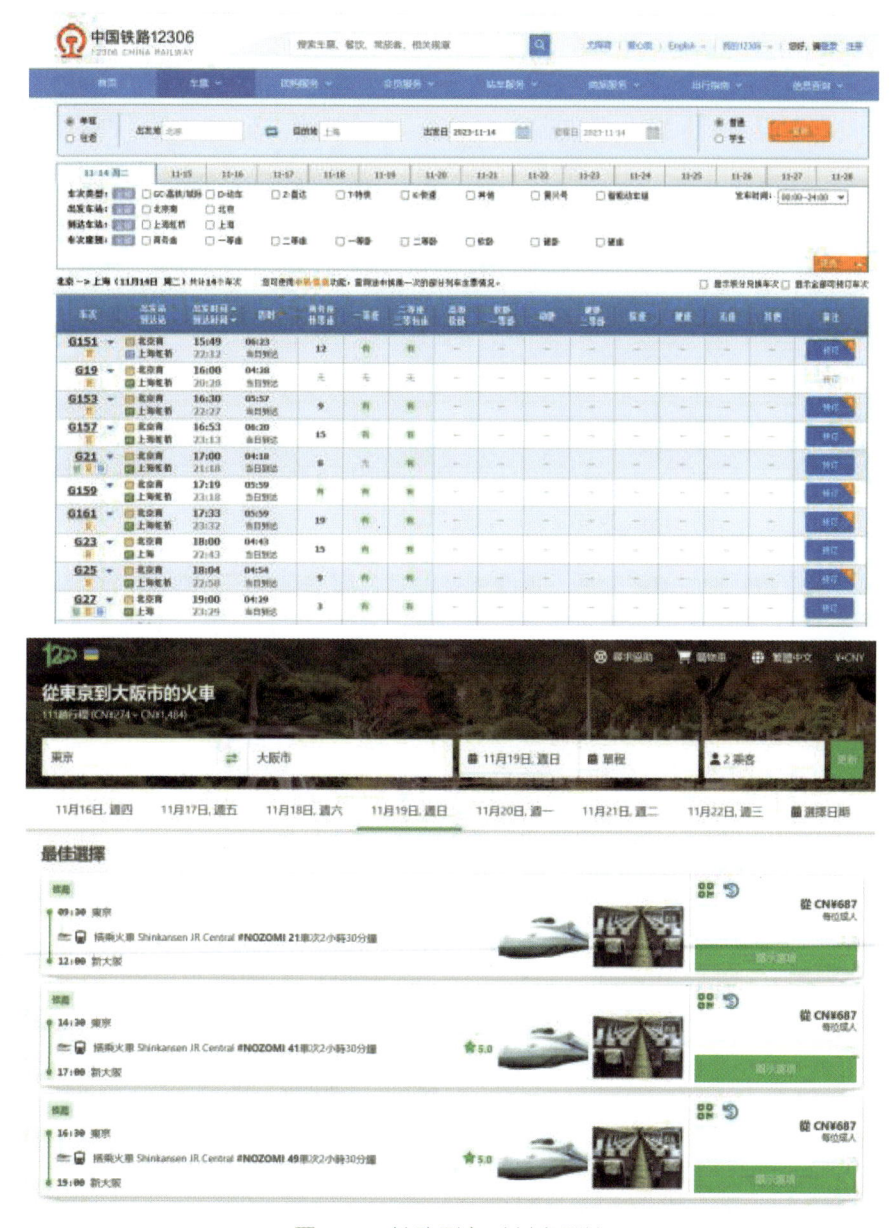

图1.1.5　铁路列车时刻表网站

尔·马雷发明的，他受到连续摄影时动物运动的时空轨迹线启发，设计出了列车运行轨迹展示图，也就是现在的列车运行图。但也有另一种说法，这张图是由同时期的法国北方铁路公司一名工程师查尔斯·伊布里首先发明的。

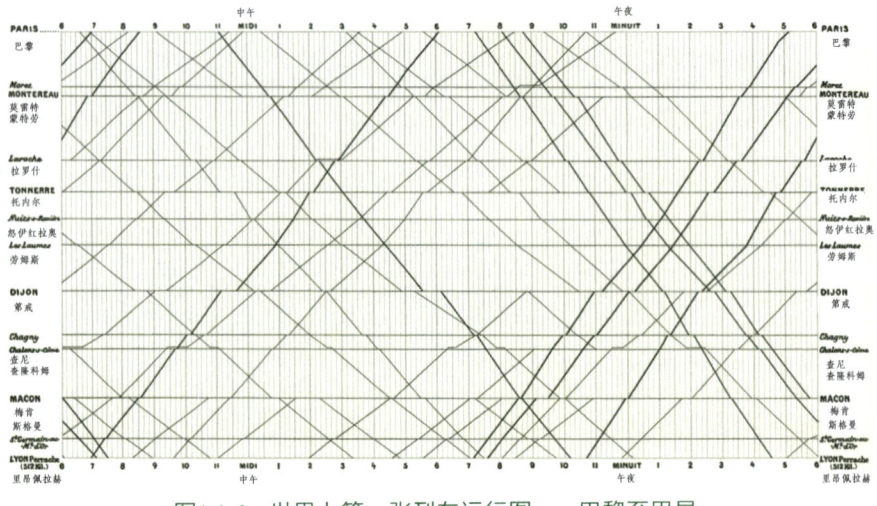

图1.1.6　世界上第一张列车运行图——巴黎至里昂

无论真正的首创者是谁，毋庸置疑的是，列车运行图的确是一个伟大的发明。它的优点在于能直观地呈现给定列车在时空中的位置以及变化情况，能一目了然地展示列车的时空冲突、一段时间内列车的频率等复杂信息，对于轨道交通运输中列车开行的规划、显示和监督都非常便利高效。因此，世界各国轨道交通行业都纷纷通过编制列车运行图来组织列车运营。图1.1.7和图1.1.8所示分别是日本东海道新干线和美国弗吉尼亚铁路上的运行图，上百年过去了，现今列车运行图的样式基本没有大的变化，真的很了不起啊！

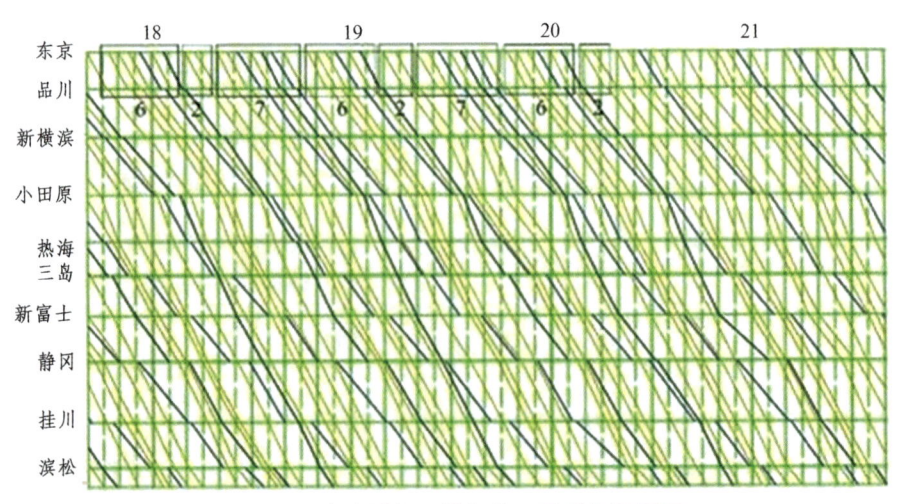

图1.1.7　东海道新干线部分区段列车运行图

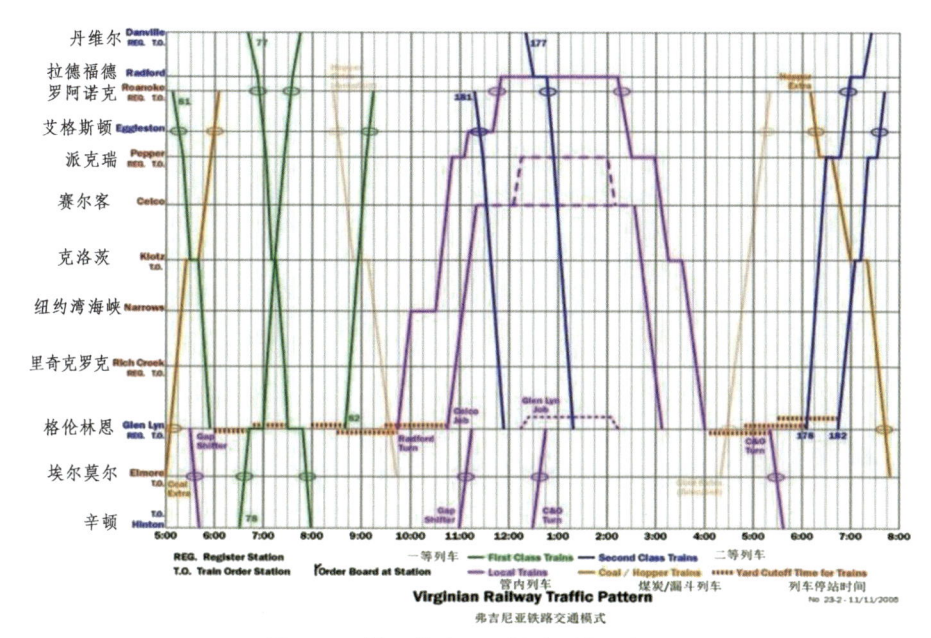

图1.1.8　美国弗吉尼亚铁路列车运行图

第二节　轨道交通系统与列车运行图

在轨道交通系统中，列车运行图不仅是向旅客和货主提供列车时刻表的依据，也是经济有效地组织运输生产的关键，在所有运输工作中处于核心地位。可以这样说，列车运行图就像一只隐形的手，协调着一个个列车井然有序地在路网上交织运行，如果哪天列车运行图失效了，轨道上的列车就会乱成一锅粥。列车运行图对轨道交通系统至关重要，这是由轨道交通系统的特性决定的。

一、什么是轨道交通系统？

轨道交通系统是指运营车辆需要在特定轨道上行驶的一类交通工具或运输系统。该系统通常以电能为动力，采取轮轨运转方式承担快速大运量的运输任务。随着轨道交通技术的多元化发展，轨道交通工具呈现出越来越多的类型，不仅遍布于长距离的地面运输，也广泛运用于中短距离的城市公共交通中。

轨道交通系统根据服务的范围和技术特征可以分为三大类：

1. 传统铁路

传统铁路是最早出现的轨道交通，根据运行速度分为普速铁路和高速铁路两大类。铁路建设初期没有普速铁路的说法，直到高铁时代才产生了普速铁路的概念。火车和轨道在速度方面有了飞跃后，以不同速度指标作为铁路类型划分依据的这种等级理念就逐渐普及成型。普速铁路通常由大型机车牵引多节车厢运行，具有不大于160 km/h的各速度级别，设计速度较低，主要负责大规模兼中远距离的客货运输。高速铁路是指新建设计开行250 km/h（含预留）及以上动车组列车，初期运营速度不小于200 km/h的客运专线铁路，主要服务于中远区域或地区间的旅客运输。随着新型动车组货车的逐步研发及投入运用，高速货物列车已变成了可能。图1.1.9显示了普速铁路系统和高速铁路系统。

（a）普速铁路 　　　　　　　　　　（b）高速铁路

图1.1.9　传统铁路

2. 城市轨道交通

城市轨道交通是以电能为主要动力能源，采用轮轨运转体系的大运量快速公共交通系统。我国常见的城市轨道交通有地铁、轻轨和有轨电车等，主要服务于大中城市内部的通勤客流。城市轨道交通通常由轻型动车组或有轨电车作为运送载体，设置全封闭或部分封闭的专用轨道线路，运送相当规模客流量，可以有效缓解城市内部密集客流的交通压力。地铁、轻轨和有轨电车在工程建造、运量规模、技术速度等方面都不相同，需要根据需求选择。图1.1.10分别显示了运行中的轻轨和地铁系统。

(a)轻轨　　　　　　　　　　　　(b)地铁

图1.1.10　城市轨道交通

3. 新型轨道交通

新型轨道交通有别于常规轨道交通系统,两者的轨道结构和车辆构造有很大不同。其主要包含磁悬浮轨道系统、智轨列车和空中轨道列车等,近年来发展很快。

磁悬浮轨道系统可是大名鼎鼎。它利用电磁原理,由车上和轨道上导线线圈的相互感应作用,产生电磁场,使车辆悬空,采用磁垫支承、线性电动机推动列车前进。中低速磁悬浮列车速度为100~200 km/h,高速磁悬浮列车速度可以达到400~600 km/h。磁悬浮列车如果在密闭的真空管道内行驶,不受空气阻力、摩擦及天气影响,其速度可达1000 km/h以上,接近甚至超过飞机的速度。图1.1.11显示了上海磁浮线龙阳路站—上海浦东机场站的磁悬浮系统,这是一条最高速度431 km/h的高速磁浮线。

图1.1.11　磁悬浮系统

智轨列车是一种"虚轨列车",看似无轨,实则有轨,通过车载各类传感器识别路面虚拟轨道线路,将运行信息传送至列车"大脑"(中央控制单元），根据"大脑"的指令，精准控制列车行驶在既定"虚拟轨迹"上，实现车辆运行，设计最高速度为70 km/h左右。为了不破坏公路路面，智轨列车的车轮也从传统的钢轮换成了胶轮。智轨列车融合了有轨电车与公交车的特点，由于基础设施投资低，建设周期短，非常适合在中小城市推广运用。图1.1.12所示为运行中的智轨列车。

图1.1.12　智轨系统

空中轨道列车属于悬挂式单轨，即列车悬挂在轨道之下运行，运行速度可以达60 km/h，如图1.1.13所示。在我国，有部分城市正在建设悬挂式单轨线路。国内首条开通运营的空轨线路——武汉光谷空轨旅游线于2023年9月26日正式对外运营，成为了新晋游客打卡点。

（a）成都空铁系统试验线　　（b）武汉光谷"光子号"空轨列车

图1.1.13　空铁系统

二、轨道交通系统为什么要使用列车运行图？

1. 列车运行图是轨道交通系统列车行车安全和效率的保障

无论哪一种轨道交通方式，列车都必须在固定轨道上行驶，轨道上同一时间、同一位置只允许被一列车占用。列车在高速运行过程中，必须与前后列车保持一定的距离来保证安全，否则就会造成列车的追尾。如果调度不当，在单线轨道上甚至会发生列车迎面冲突的事故。轨道交通事故产生的后果都很严重，会给公众造成巨大的人身伤害和财产损失。列车运行图中确定了各个列车开行的顺序、运行时间、在各车站到发时刻、停站时间等重要信息，确保了列车之间的安全间隔，列车只要按运行图运行（见图1.1.14），既可以避免冲突保障安全，又能充分利用线网能力提高行车效率。

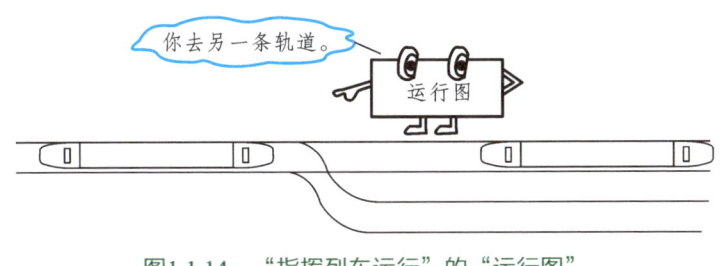

图1.1.14 "指挥列车运行"的"运行图"

2. 列车运行图是轨道交通各部门协调工作的基础

相比公路、水运等运输方式，轨道交通系统是一个独立的、封闭或半封闭的控制系统，包括车站、线路、列车、控制及通信信号系统等设施设备，具有管理高度集中、作业协调联动的特点。整个轨道交通系统要发挥正常功能，必须多专业、多工种按照预先设定的程序开展工作。列车运行图由于精确地规定了每个时间点列车的运行位置和状态，就使得所有专业部门能以此为基础，制订自己的工作计划并按计划开展生产工作。例如，列车运行图上确定了某个铁路客运站早上8时整有一趟高铁列车要始发，为了完成该发车任务，动车所（专门管理和维护动车组的部门）将指派动车组和司机早上7:30到达车站，客运站将指派客运人员组织旅客在7:45开始检票上车，由于高铁行车调度员通过CTC系统提前输入了该列车运行计划，车站进路和信号将在7:55自动开通，于是司机可以在8:00准时发车。如图1.1.15所示，可以看出，按图开车的原则，将客运站、动车所、调度所、通信信号等部门的工作紧密联系在一起，且能有条不紊地开展。

图1.1.15 列车运行图相关部门

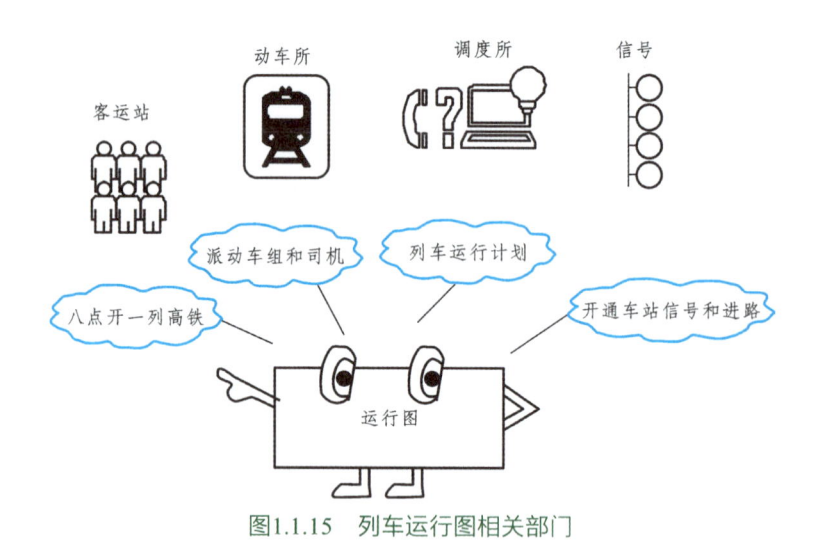

3. 列车运行图是轨道交通系统服务水平和质量的综合体现

在轨道交通系统中,列车运行图必须根据国民经济发展的需求来制定,同时结合轨道运输系统运输能力的状况进行编制。例如,我国由于资源、产业分布的不均衡,出现了大规模的北粮南运、西煤东运的货运需求,铁路部门常常在编制列车运行图时增加京哈、津山、京广、京九、京沪、丰沙等铁路线路的货物列车来满足运输需求。地铁中根据每日客流的波动情况,在列车运行图中,高峰和平峰时段开行不同的列车数量。从本质上说,列车运行图展示了轨道交通系统可以提供给旅客和货主的运输产品,列车运行图编制质量的好坏,在很大程度上决定了轨道运输服务的水平和质量。此外,通过列车运行图,可以统计各种质量指标和数量指标,如平均列车旅行速度、列车开行对数、客货运周转量等,可以衡量轨道交通的工作数量和质量。

4. 公路客运班车或城市公交车为何没有运行图呢?

列车运行图对于轨道交通系统重要性不言而喻,大家注意过吗,为何同样是公共交通系统,公路客运班车或城市公交车都不需要绘制列车运行图?这主要是因为,作为道路交通系统,公路客运班车或城市公交车的行驶虽然常常有固定的车道,但是车道往往不具有单独路权,其他车辆也可以占用,使得公路客运班车或城市公交车地面行驶干扰较多,开行速度时刻都在改变。而且,路面交通情况瞬息万变,易出现突发情况,因此,很难提前规划和固定每辆车的运行时间，无法编制公路客运班车或城市公交车的运行图。假若编制了运行图，也很难做到按图行车，运行图就失去了意义。因此，公路客运班车或城市公交车管理部门往往只能规定客运汽车在始发站的始发时间和发车频率，追踪和监控客运汽车的实际运行情况并实时调整，却无法提前规划所有客运汽车的运行时间。如图1.1.16所示规定了泰安的长途客运班车始发时刻和发车频率，图1.1.17所示规定了夜19路的首末班车发车时刻。

线路	时间	发车频率
泰安—济南(总站)	6:00—18:00	每30 min一班
泰安—济南(火车站)	6:00—17:00	每20 min一班
泰安—莱芜	6:00—18:00	
泰安—东平	6:00—18:20	
泰安—新泰	6:00—18:00	
泰安—淄博	6:00—17:30	每40 min一班
泰安—临沂	6:00—17:20	
泰安—济宁	6:00—18:00	
泰安—聊城	6:00—18:00	
泰安—宁阳	6:00—18:20	每10 min一班

图1.1.16　公路客运班车时刻表（来自泰安汽车站）

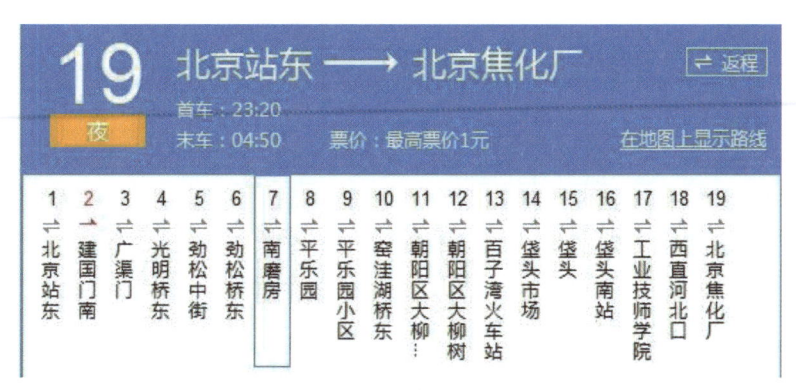

图1.1.17　公交车时刻表

虽然轨道交通系统随着科学技术的进步发展日新月异，但是列车运行图的地位仍然无可替代、不可撼动。真的很了不起啊！

第二章　看懂列车运行图

如此了不起的列车运行图，会不会很难看懂呢？不用担心，本章就给大家通俗地介绍列车运行图的表示方法、组成要素和分类方式。希望引导大家简要认识列车运行图，读懂列车运行图表达的信息。

第一节　列车运行图大解析

图1.2.1是一张常见的列车运行图的局部，仔细观察可以发现，整张图由多条粗细不一、虚实结合的横竖线和斜线组成，这些线条各自有什么含义呢？让我们通过解析来看懂列车运行图。

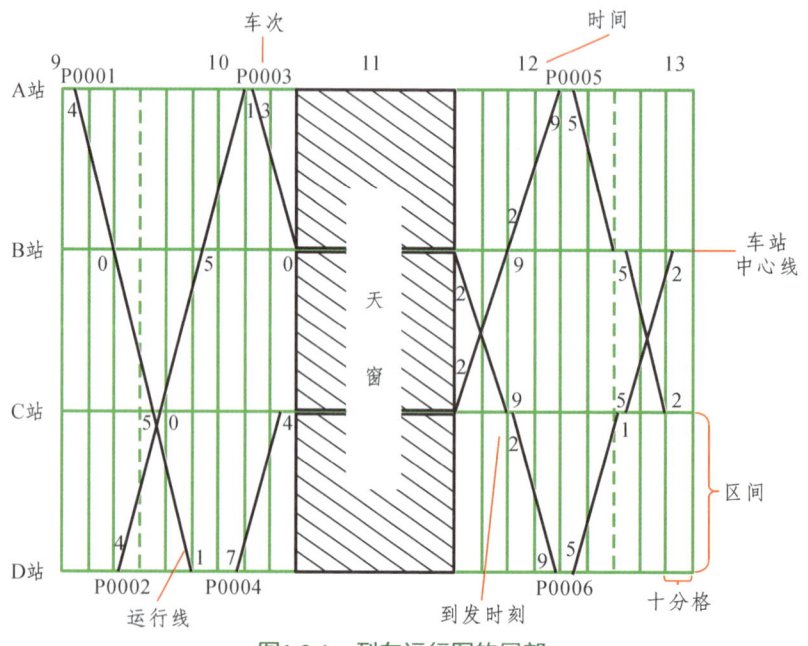

图1.2.1　列车运行图的局部

一、车站和区间

列车运行图是运用二维坐标原理，来表示列车在区间运行及在车站到达、出发和通过时刻的图解形式。其横轴表示时间的推移，纵轴表示线路车站距离的延伸。包括德国在内的少数国家铁路部门以纵轴表示时间，横轴表示距离。

将纵轴按一定比例用平行横线加以划分，每一横线代表一个车站的中心线。以图1.2.1为例，纵轴标记了A、B、C、D 4个车站，两个车站之间的线路称为一个区间，A站—D站就包含了3个区间分别是：A站—B站、B站—C站和C站—D站。

列车运行图中，车站横线的间距大小通常是按实际轨道线路区间长度的比例或者列车在该区间运行时分的比例来确定的。例如，A站—B站间线路区间长为10 km，列车在该区间的运行时间为4 min；B站—C站间线路区间长为15 km，列车在该区间的运行时间为7 min；C站—D站间线路区间长为19 km，列车在该区间的运行时间为9 min。则列车运行图中A、B、C 3个站间的横线间距可以按照区间长度比例10∶15∶19来设置，也可以按照区间运行时分例4∶7∶9来设置，如图1.2.2所示。相比之下，后者更为常用，因为列车运行线在这种情况下，绘制出的列车运行线基本上一条斜直线，既整齐美观，也易于发现列车区间运行时分上的差错。

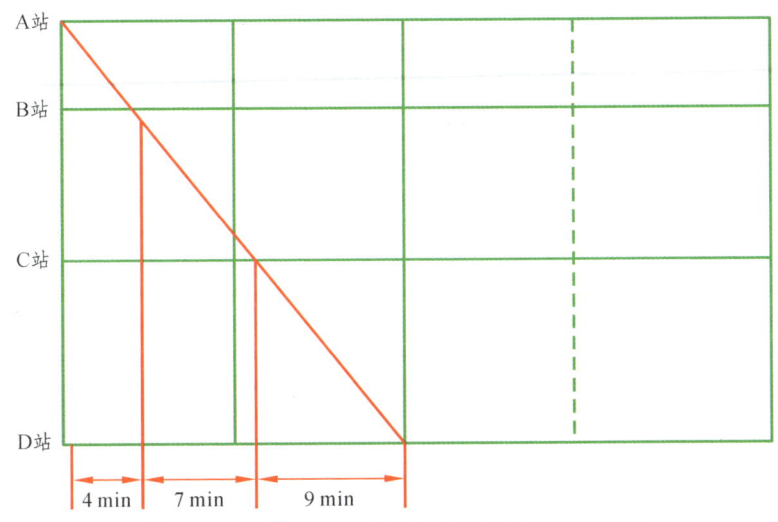

图1.2.2　按区间运行时分比例确定车站位置示意

二、时　间

将横轴用平行垂直线等分，每一等分代表了不同的间隔时间。如图1.2.1中，横轴上的粗黑实竖线旁标记了9时至13时，横跨4个小时。每一等分垂直线，可以表示1 min、2 min、10 min或1 h间隔时间。间隔时间不同，列车运行图看上去密度就不同，具体采用哪种间隔时间的列车运行图，取决于列车运行图的用途。

间隔为1 min的运行图一般用于行车频率较高的地铁、轻轨等城市轨道交通，进行新运行图的编制和调度指挥。间隔为2 min的运行图，一般是传统铁路编制新运行图时使用。间隔为10 min的运行图为传统铁路列车调度员日常工作的基本图和实绩图。在日常调度指挥工作中使用，间隔为1 h的运行图，也叫作小时格运行图，一般用于编制旅客列车方案图、机车周转图、车底周转图等。图1.2.3向大家展示了4种间隔时间的运行图。

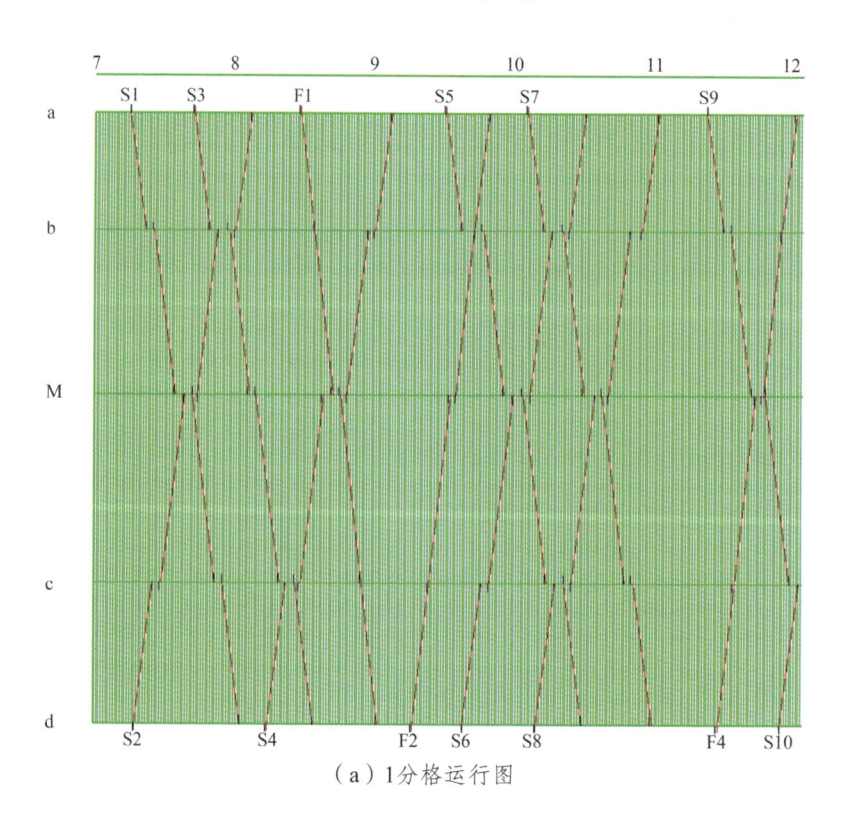

（a）1分格运行图

（b）2分格运行图

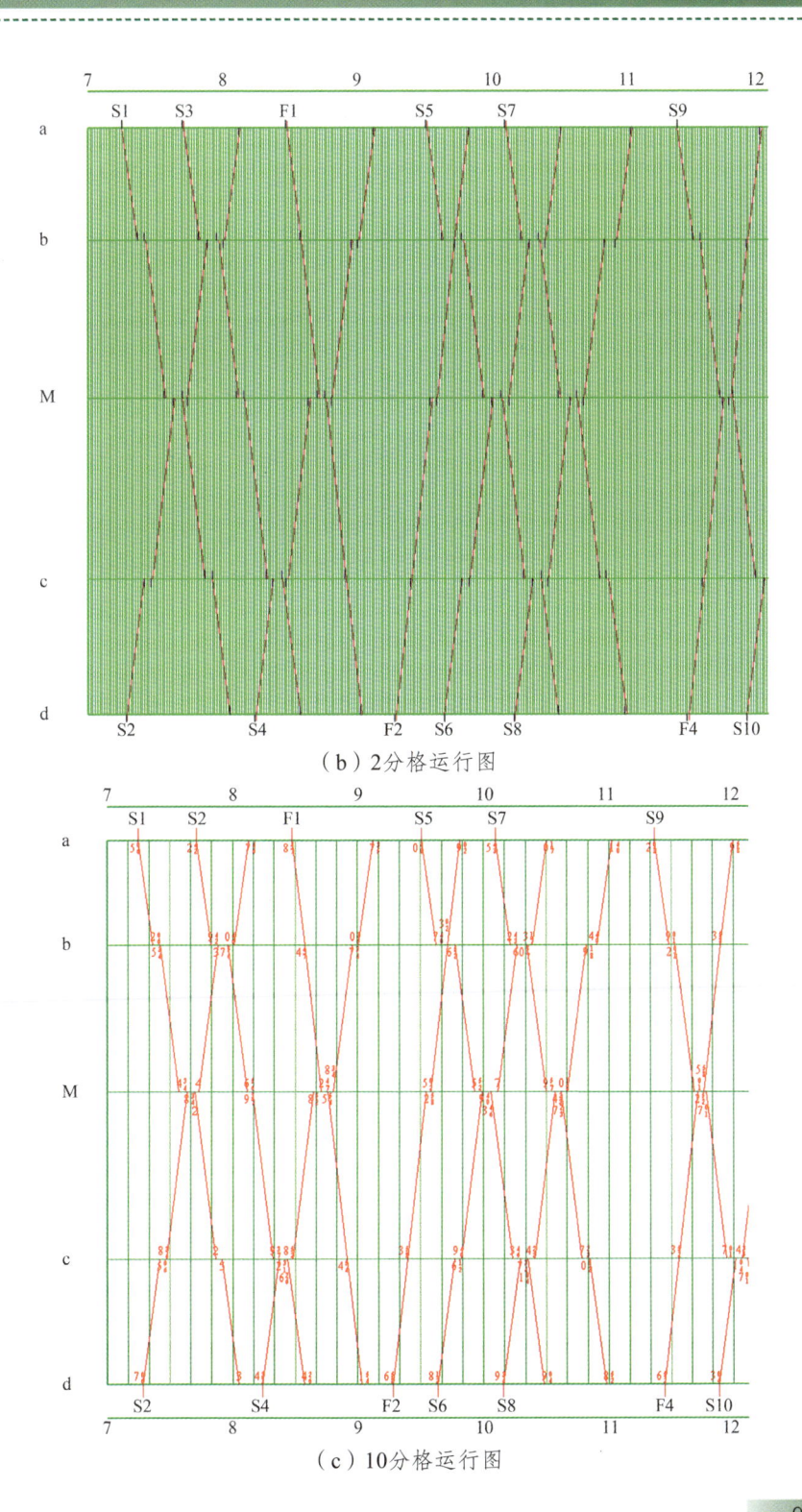

（c）10分格运行图

（d）小时格运行图

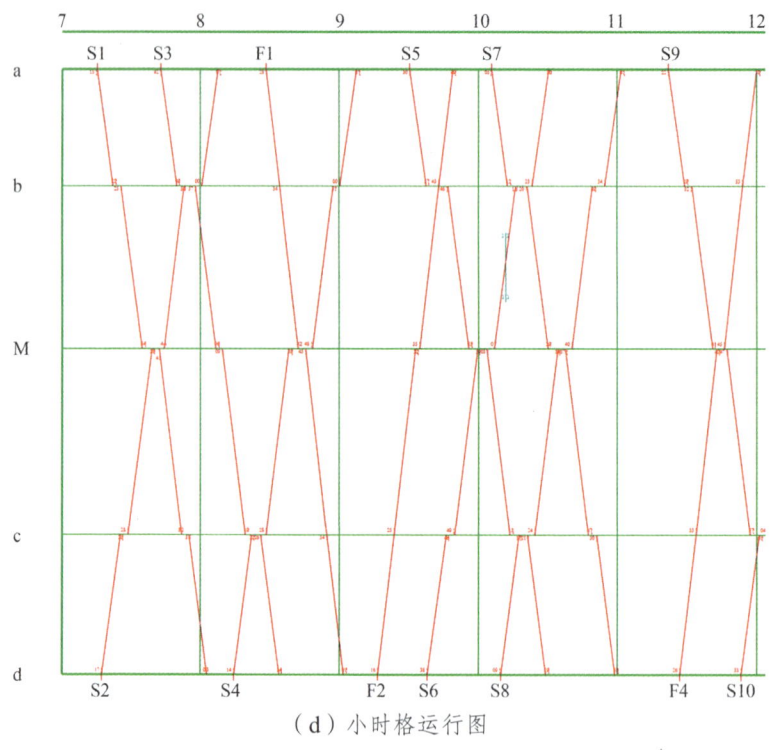

图1.2.3　不同时间格式的列车运行图类型

三、列车运行线、车次和到发时刻

　　列车运行图中的多条斜直线段就是列车运行线。列车运行线包含了列车从起始站到终点站的完整过程，一条运行线就代表了一趟列车。斜线上的编码就是每列车的"车牌号"，也就是车次，一般标注在运行线的起始处。每条列车运行线与车站横线交叉处，通常会标注上数字，表示列车在该车站的到达或出发时刻。

　　为了方便区分，列车在轨道上行驶的方向有上下行两种。我国传统铁路中规定，车次为偶数的是上行列车，为单数的是下行列车，而向首都的列车行驶方向为上行方向，反之为下行方向。城市轨道中，一般情况下，南北向线路中列车由南向北行驶，东西向线路中列车由西向东行驶为上行，反之为下行；环形线路中，列车在外圈轨道上行驶为上行，内圈为下行。图1.2.1中共有6条列车运行线，3条上行线，3条下行线。

四、天　窗

列车运行图中没有或者只有很少列车运行线的一块空白区域，就是天窗。天窗是预留的封锁一定线路和车站范围的时间段，用于轨道设施设备的施工和维护。为保证安全，天窗时段通常不允许列车行车。天窗主要分为V形天窗和垂直天窗两种。V形天窗是指对双线中某一单方向轨道进行封锁进行维修，另一方向仍可行车，在运行图上呈现V形区域的天窗类型，如图1.2.4所示。垂直天窗是指对单线和双线上下行方向轨道同时封锁进行维修，在运行图上呈现矩形区域的天窗形式，如图1.2.5所示。阶梯形天窗又称分段垂直天窗，是相邻区段交错时间开设垂直天窗的天窗模式，如图1.2.6所示。

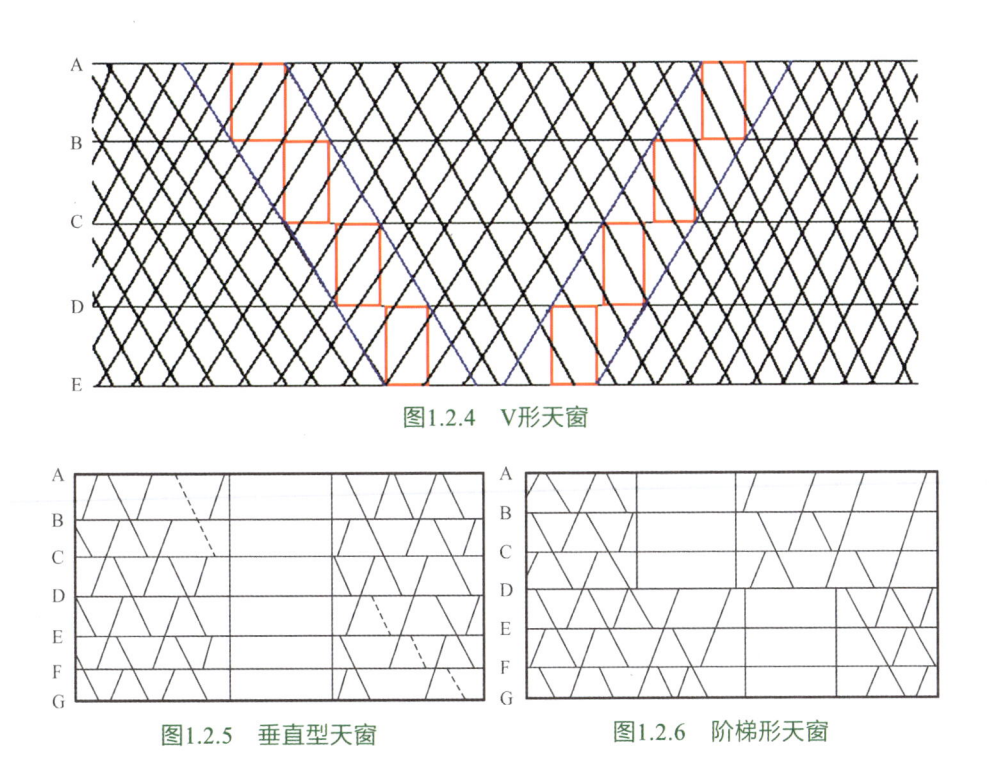

图1.2.4　V形天窗

图1.2.5　垂直型天窗

图1.2.6　阶梯形天窗

五、列车运行图基本要素

除了直观所见的图形要素，列车运行图上还有一些基本要素，认识这些基本要素能帮助我们更好地理解列车运行图。

（1）区间运行时分。在列车运行图上，从每条列车运行线在两个车站中心线间的斜直线段，可以看出列车在该区间的运行速度和时间。如图1.2.7中，车次P0001在B站—C站的区间运行时分为15 min。为了保证列车运行的效率，列车在每个区间的运行时间不得低于区间最小运行时分标准。不同类型的列车、线路的上下行方向都有不同的运行时间标准。

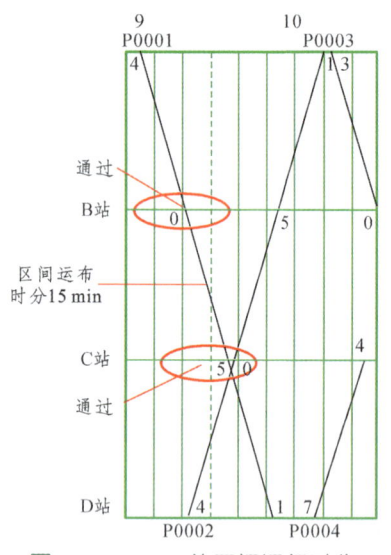

图1.2.7　P0001的区间运行时分

（2）起停附加时分、纯区间运行时分。注意对比图1.2.7中的列车P0001和图1.2.8中的P0005，这两列车类型和方向都一样，但是P0001在区间B—C的运行时间为15 min（见图1.2.7），P0005在区间B—C的运行时间为17 min（见图1.2.8），竟然不一样，为何会差了2 min呢？观察一下，P0001在车站B、C是通过，而P0005在车站B、C有停站，P0005的区间运行时分增加了起车附加时分1 min和停车附加时分1 min。

由于列车的行驶速度较高，列车的发车有一个从零逐渐加速到区间运行速度的过程，列车的停车有一个从区间运行速度降至零的过程。因此，与列车不停车通过区间相比，列车停站后通过区间的运行时间要多一些。起停附加时分是指列车停车后出发以及到站停车所花费的必要时间，铺图时直接加算到列车区间运行时分中。列车类型不同，起停附加时分会有所不同，货车起停附加时分比客车更长，因为它的重量更大。

为了以示区别，我们把列车不停车通过两个车站相邻车站所需的区间运行时分称为纯区间运行时分。

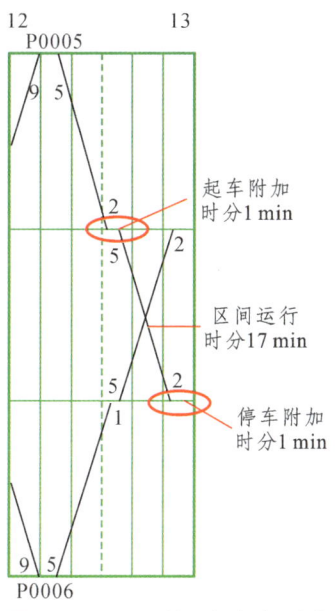

图1.2.8　P0005的区间运行时分

（3）列车停站时间。在列车运行图上，从每条列车运行线在车站中心线上的水平线段，就可以看出列车在车站的停站时间。列车停车是为了完成旅客乘降和货物装卸、例行检查及换挂机车、会让越行等作业，为了保证作业有足够的时间，停站时间不得低于最小停留时间标准。图1.2.9和图1.2.10分别表示了列车运行图上的会让停站和越行停站。

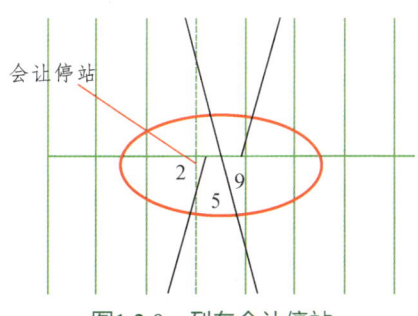

图1.2.9　列车会让停站

了不起的列车运行图

图1.2.10　列车越行停站

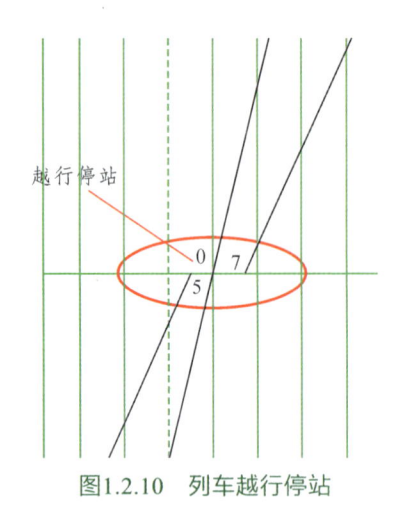

其中，会让是指在单线轨道（只有一条轨道），同时有两列车相对而行，为防止冲突，一方列车在车站停车，让另一列车通过后再继续运行的情况，如图1.2.11所示；越行是指轨道上两列车运行方向相同，由于后方列车速度较快，前方速度较慢的列车将在车站停车，等待后方列车通过后再继续运行的作业，如图1.2.12所示。都是一列车待避另一列车，区别在于会让是两列车相对方向运行，越行是两列车同方向运行。

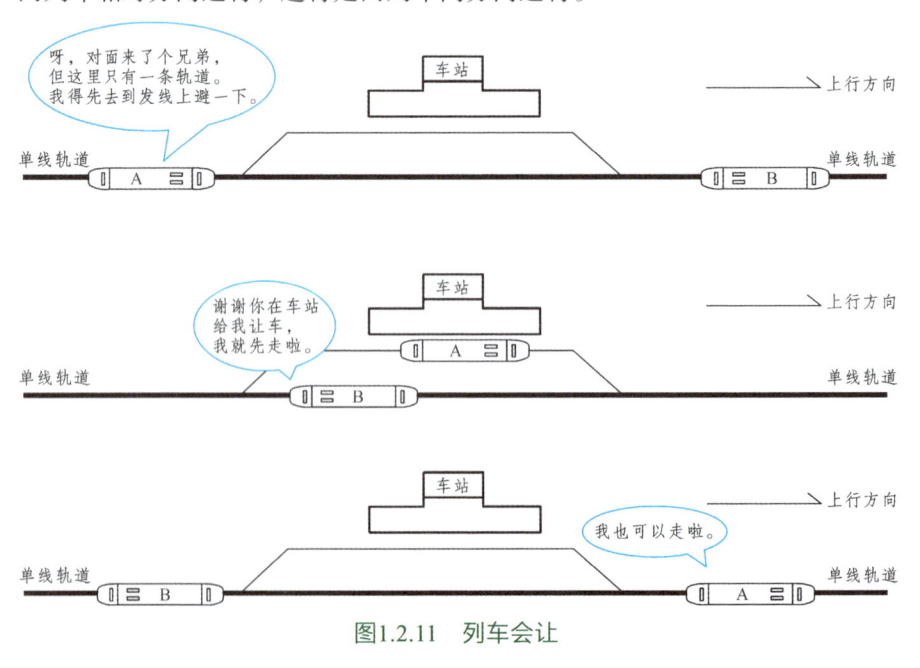

图1.2.11　列车会让

图1.2.12　列车越行

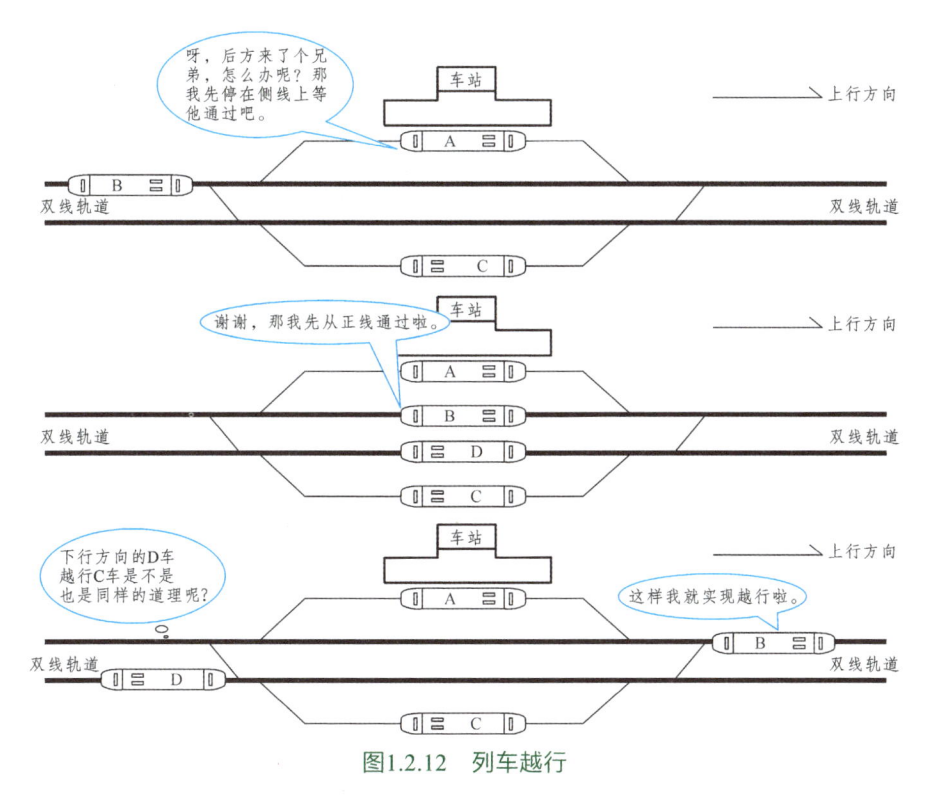

（4）列车间隔时间。在列车运行图上，为了避免冲突，两条列车运行线间必须保证一定的安全间隔。列车的间隔时间包括行车列车间隔时间（又称追踪间隔时间）和在车站的间隔时间（简称车站间隔时间）。

行车间隔时间是为了保证安全，在线路区间中，同一方向追踪运行的两列列车间的最小间隔时间。如图1.2.13所示，A、B两列车在同一条线路上追踪运行，两车之间必须保证满足最小追踪安全距离，也就是当A车突然停车时，B车可以及时制动的距离。这样就不会撞到A车了。在列车运行图上，就表现为前后车满足追踪间隔时间，如图1.2.14所示。

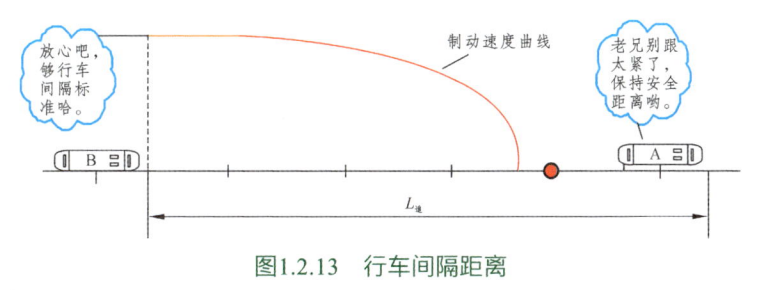

图1.2.13　行车间隔距离

了不起的列车运行图

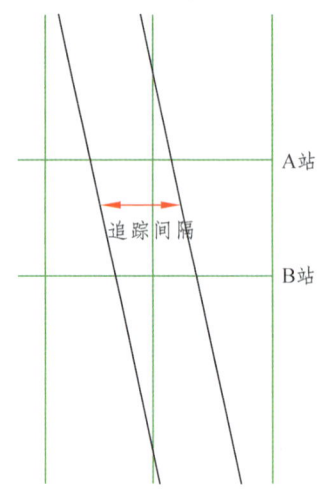

图1.2.14 行车间隔时间（追踪间隔时间）

车站间隔时间也是为了保证安全，在车站办理两列车到达、出发或通过作业所需要的最小间隔时间。图1.2.15显示的是同方向运行的A车、B车，A车出发离站与B车到达停车如果没有足够的间隔时间，就会追尾。图1.2.16显示的是对向运行的A车、B车，A车进站侧线停车与B车通过车站如果没有足够的间隔时间，就会迎面冲突。因此，无论是两列列车同方向进站，还是对向进站，只要存在走行路径上的冲突，就需要确定相应的安全间隔时间。车站先发后到间隔在列车运行图上的显示，如图1.2.17所示。会车在列车运行图上的显示，如图1.2.18所示。车站间隔时间的类型很多，比较常见的还有不同时到达间隔时间、连发间隔时间、不同时通过间隔时间等，编图时可以通过相关技术资料进行查定。

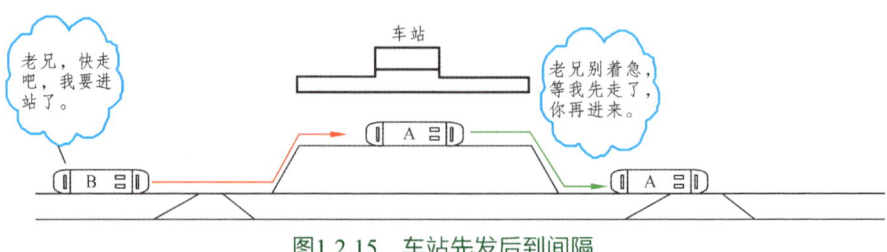

图1.2.15 车站先发后到间隔

图1.2.16　车站会车间隔

图1.2.17　车站先发后到间隔时间

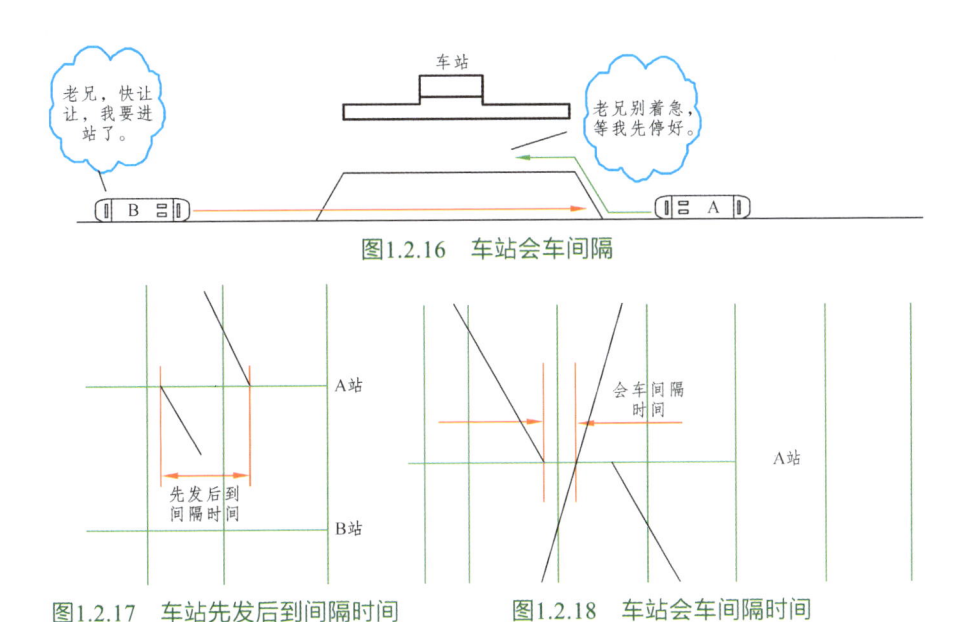

图1.2.18　车站会车间隔时间

六、再读图1.2.1

让我们再来观察图1.2.1，是否能更好理解这幅图了呢？

图1.2.1展示了A站—D站从9:00至13:00的列车运行情况，该图是十分格图，图上有6条运行线，也就是开行P0001次～P0006次的6趟列车，图中有一个矩形天窗，时间为10:30—11:30，其间列车在车站等待。以P0001次列车为例可以看出，该趟列车9:05从A站发出，9:20未停车通过B站，9:35未停车通过C站，9:51到达D站，这就是P0001次列车的运行轨迹，可以发现这是一列中途不停站的列车。将所有列车运行线整理到一起可以得到A站—D站的列车时刻表，见表1.2.1。

表1.2.1　A站—D站的列车时刻表

车站	A		B		C		D	
车次	到	发	到	发	到	发	到	发
P0001	—	9:04	9:20	9:20	9:35	9:35	9:41	—
P0003	—	10:13	10:30	11:32	11:49	11:52	12:09	—
P0005	—	12:15	12:32	12:35	12:52	—	—	—

续表

车站	D		C		B		A	
车次	到	发	到	发	到	发	到	发
P0002	—	9:24	9:40	9:40	9:55	9:55	10:11	—
P0004	—	10:07	10:24	11:32	11:49	11:52	12:09	—
P0006	—	11:15	12:31	12:35	12:52	—	—	—

第二节 了解列车运行图类型

列车运行图按照区间的轨道数和运行速度可以分为多种类型。

一、按区间线路数分类

（1）单线运行图。单线是指运行区间只有一条轨道的线路。在单线上，上下行方向列车都只能在一条轨道上运行，为避免冲突，对向列车必须在车站进行交会。基于单线编制的列车运行图，所有列车运行线之间不能相互交叉，且必须在车站中心线上交会，如图1.2.19所示。

（2）双线运行图。双线是指运行区间有两条或两条以上平行设置轨道的线路。在双线上，上下行方向列车必须分别在各自的轨道上运行，上下行方向列车的运行互不干扰。基于双线编制的列车运行图，列车运行线可以出现在区间内或车站交叉，但同方向列车的越行必须在车站进行，同方向列车运行线在图上不能出现交叉，如图1.2.20所示。

（3）单双线运行图。在部分双线、部分单线的轨道线路上，单线区间和双线区间各按单线运行图和双线运行图的特点铺画列车运行线。图1.2.21中，A站—B站、C站—D站都为单线区间，列车运行线不能交叉；B站—C站为双线区间，列车运行线可以在区间交叉。

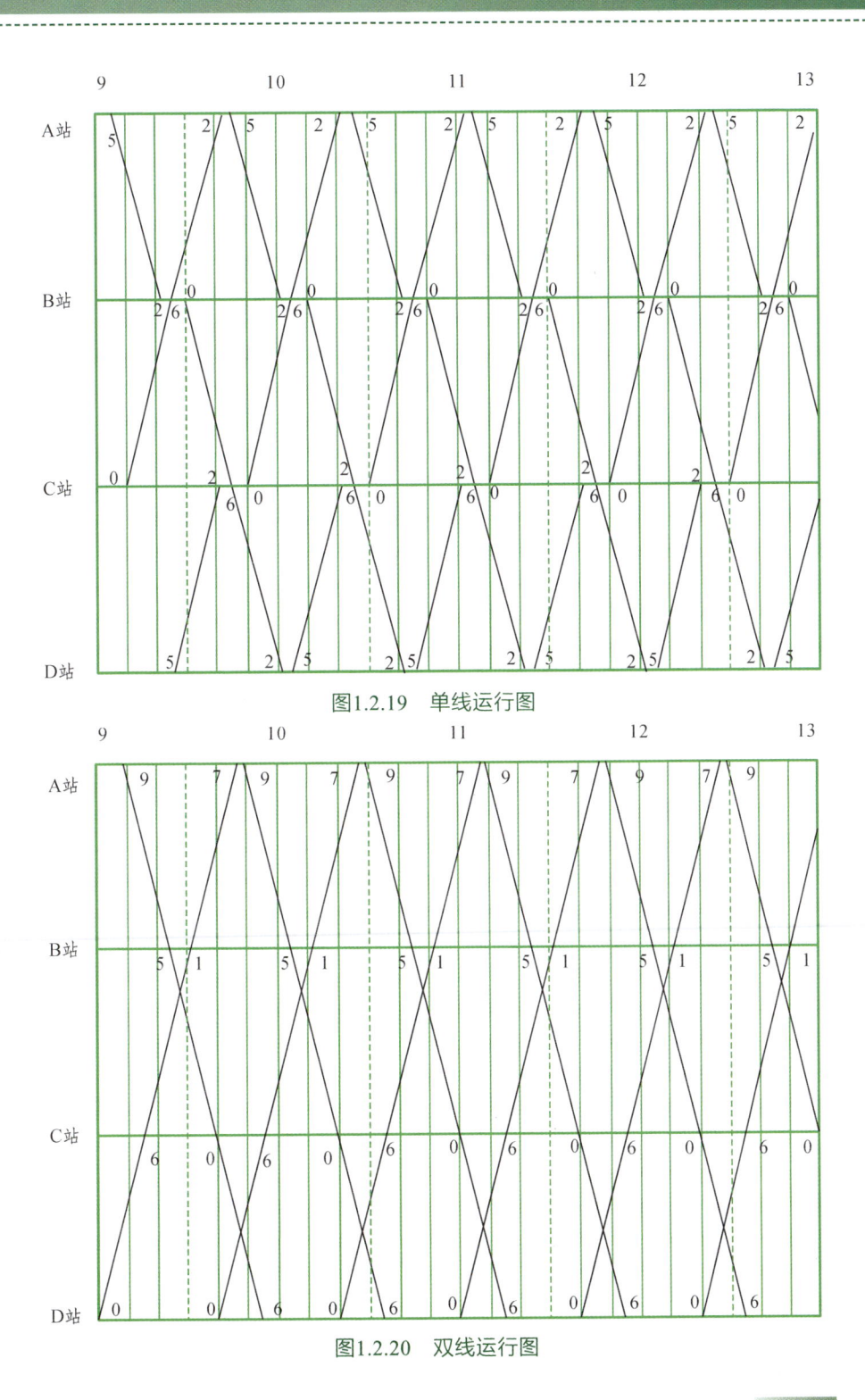

图1.2.19　单线运行图

图1.2.20　双线运行图

图1.2.21　单双线运行图

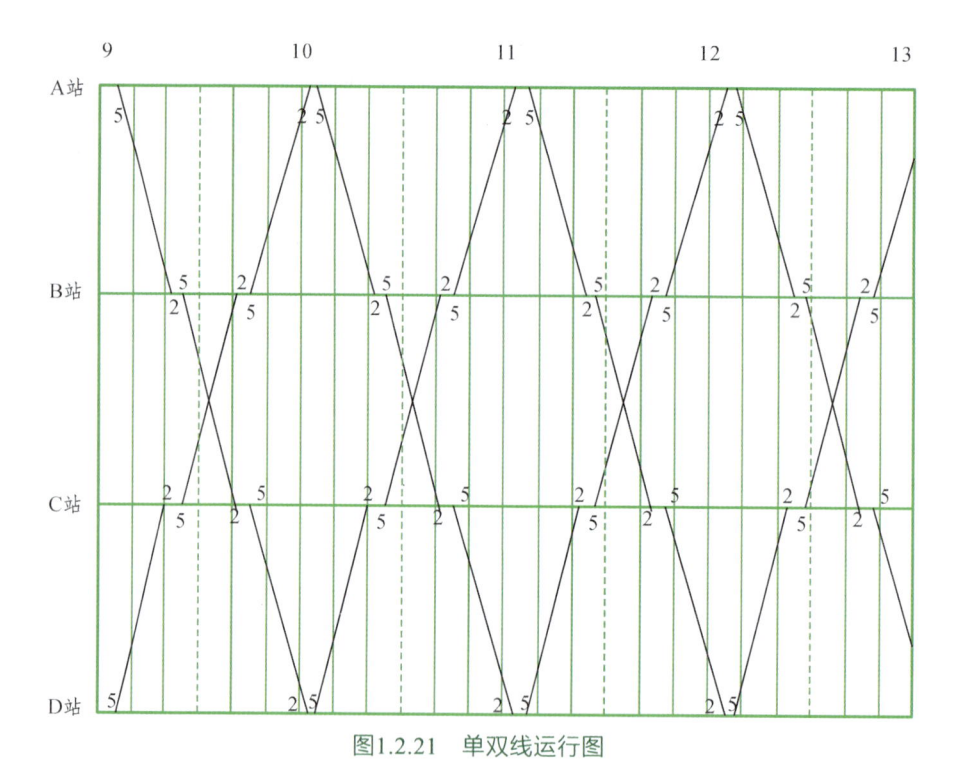

二、按列车运行速度分类

（1）平行运行图。因为同一区间，同一方向的列车运行速度相同，且列车在区间两端站的到、发或通过的运行方式相同，所以列车运行图上的运行线都相互平行，如图1.2.20所示，它不仅是一个双线运行图，还是一个平行运行图。

（2）非平行运行图。在列车运行图上铺画有各种不同速度的列车，且列车在区间两端站的到、发或通过的运行方式不同，因而列车运行线不相互平行，如图1.2.22所示。

城市轨道交通运行图大部分都是平行运行图，传统铁路列车运行图大部分都是非平行运行图。相比之下，平行运行图对轨道线路能力的利用更充分。

一张列车运行图承载着非常丰富的信息，看懂运行图，我们就掌握了探秘轨道运输世界的钥匙，真的很不简单啊！

图1.2.22　非平行运行图

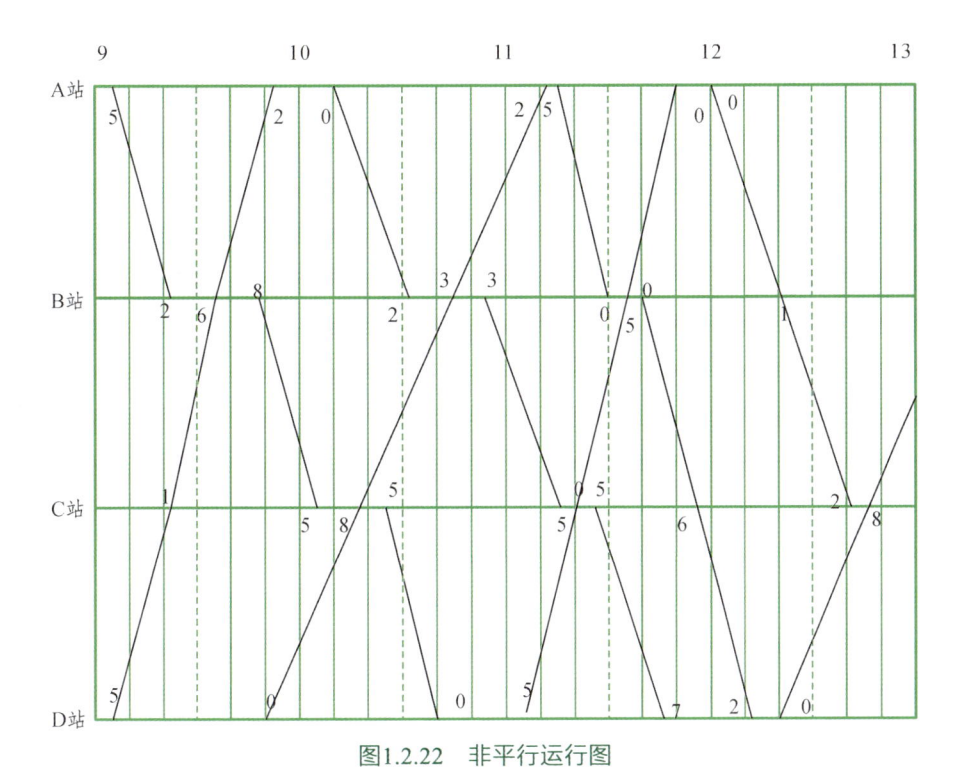

三、基本运行图和分号运行图

基本运行图是指经过重新编制或调整，正在实施并持续到下次重新编制或调整为止的列车运行图。调整后的基本图又称调整列车运行图（简称调整图）。

分号运行图是指为适应短期运输、应对突发事件或施工等需要，在短时间内实行，且实行完毕又恢复到基本图的临时性的列车运行图。

第三章 自制列车运行图

列车运行图到底是怎么编制出来的呢？本章将介绍列车运行图的基本编制原则和方法，引导大家自制一份简易的列车运行图。让我们一起来体验编制轨道交通列车运行图的乐趣吧。

第一节 编图入门

欢迎大家挑战编制列车运行图，为了能顺利编图，请先来了解一些编图的基本原则和方法，小白们就能入门了。

一、列车运行图编制基本原则

首先，需要明确列车运行图编制的目标：在给定时间范围内，在运行图上，安排给定数量的各次列车占用轨道线路的先后顺序，确定各次列车在沿途车站的到达、出发、通过时刻。

其次，为了避免编制出的列车运行图不合理，编制时需要遵循一些基本原则，如图1.3.1所示。

1. 安全性原则

列车在轨道上运行的速度有快有慢，方向也有来有往，如果不规定好列车的开行顺序，制定出合理的避让规则，则很有可能发生相撞或追尾事故，从而产生严重的后果。因此，在编制列车运行图时首先要考虑安全问题。例如，列车运行线不能发生冲突，在单线列车运行图上，运行线不能交叉；在双线列车运行图上，同向的运行线不能交叉。列车运行线既要满足最小运行时间标准，不能超速运行，又要满足各种列车间的间隔时间标准，让前后列车保持安全距离和时间。

图1.3.1 列车运行图编制原则

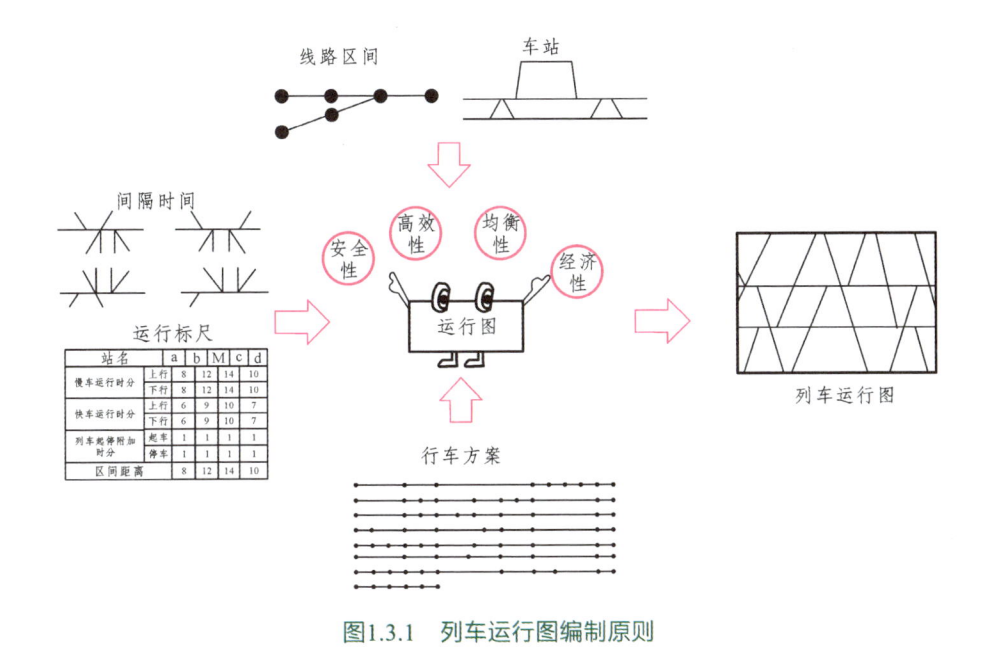

2. 高效运行原则

在安全可靠的前提下，提高列车的运行速度，缩短列车旅行时间，是保证列车运行效率、提高轨道交通系统服务水平的重要途径。在编图中，要注意，不能让速度快的列车跟在速度慢的列车后面，否则会严重影响后方列车的运行速度，这时可以让后方快速列车越行前方慢速列车。此外，由于停站次数多、停站时间长也会影响列车的运行效率，所以无论是速度快还是速度慢的列车，都需要注意设置合理的停站，减少不必要的停车次数。

3. 铁路线网能力利用充分及均衡性原则

列车运行图编制时，在满足客货行车量需求的基础上，还要考虑利用好轨道交通线网运输能力，注意均衡运输。均衡运输是指路网上的行车量在各线路区段以及各时间段内分布均匀的状态。均衡运输有利于充分利用线路区段能力，有利于运输企业各部门保持稳定的生产节奏，设施设备的损耗程度也较平稳。但实际上，由于各线路所经过的经济区域发展不平衡，导致各线路区段承担的客货运量变化很大，很难做到绝对均衡运输，因此只能尽量实现局部相对的均衡运输。例如，在编图过程中，确定了各个时间段内的行车量之后，尽量安排列车在每个时间段内均衡到发。将各个线路瓶颈地段行车量调整到有富余能力的线路区段上，减少不平衡性。

4. 经济合理地运用移动设备原则

机车、车辆、动车组都是轨道交通的移动设备。列车运行图上规定的每一条列车运行线，最终都要由机车车辆和动车组在线网上来回运行，实现列车运输任务。由于每辆车都是宝贵的运力资源，在编制列车运行时，需要考虑与移动设备使用的协调性，尽量做到在满足各种移动设备合理作业条件下（司机工作不超时超劳、设备检修得到保证等），以最少的移动设备完成最多的运输任务，从而提高移动设备的利用效率，降低运营成本。

二、列车运行图编制基本方法

1. 编图资料的准备

开始编图前，需要准备一些重要的资料。

1）线路数据

需要编图的线路的相关数据主要包括线路数量、车站和区间，需要明确是单线还是双线轨道，还有各车站的名称、位置、区间里程数、上下行方向等。

2）编图基本要素

编图基本要素包括确定编图时间范围、区间运行时分、停车附加时分、车站停车时间标准、各类间隔时间标准和天窗方案。

3）行车方案数据

行车方案数据包括要编制的列车数量、车次、停站地点和停站时间。

2. 编制步骤

1）绘制列车运行图底格

在空白的纸上，绘制出二维坐标框图。纵轴上，根据线路的车站数量，绘制多条与横轴平行的车站中心线，所有车站中心线的间距，需要按照区间运行时间的比例来确定长度（详见第二章）。横轴上，根据编图的时间范围，首先均衡绘制与纵轴平行的小时线，然后再绘制2条小时线间的半小时线（通常用虚线），最后根据需要均衡绘制1分格、10分格。

为了简便和规范起见，也可以用已经印制好的列车运行图底图，如图1.3.2所示。

图1.3.2 列车运行图底图

2）推算列车在车站的到发时刻，绘制列车运行线

在绘制好的列车运行图底格上，通常从等级最高（比如速度最快、重要度最高）的列车开始编制运行线。若等级相同，就按照出发时间顺序，选择最早的一列车开始编制运行线。

具体步骤为，在始发车站中心线上，设定好第一列车的发车时间坐标点，然后根据第一个区间的运行时分推算出列车到达第二个车站中心线的时刻坐标点，两坐标点直线相连，得到列车在第一个区间的运行线。需要注意的是，列车如果在区间两端的车站都为通过，则区间运行时分可以直接用纯区间运行时分，否则，根据在车站的到、发情况，分别计入起停附加时分。

例如，一列车S1在9:00从A站出发，并在B站通过，A—B区间纯运行时分为上下行12 min，则该车在A—B间的运行时分应加上A站的起车附加时分1 min，即为13 min，通过B站的时刻为9:13分，如图1.3.3所示。由于底格为十分格，为了图的美观和清晰，就在运行线和A、B车站中心线的夹角处，写上非整十数的0、3即可。

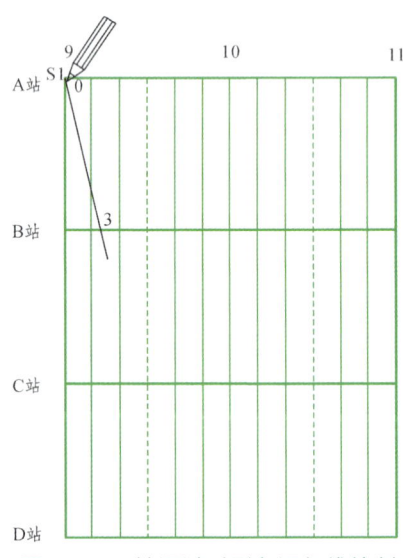

图1.3.3　B站通过时列车运行线绘制

假设该列车S1在9:00从A站出发，并在B站停站，这时S1在A—B间的运行时分应加上A站的起车附加时分1 min、B站的停车附加时分1 min，即共为14 min，则到达B站的时刻为9:14分，如图1.3.4所示。

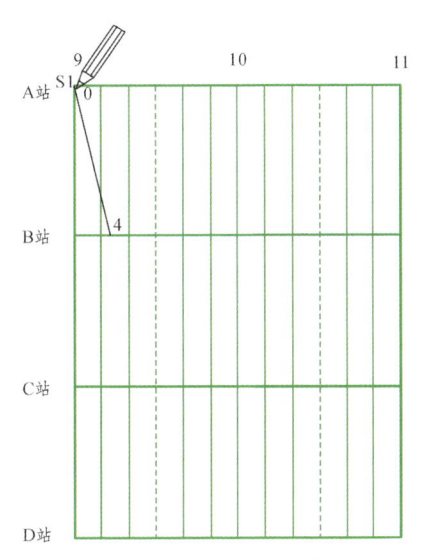

图1.3.4　B站停车时S1列车运行线绘制

大家想一想，如果在B站停站6 min，继续出发通过C站，B—C区间和C—D区间的纯运行时分上下都为10 min，则S1应该几点从B站出发，几点通过C站，几点到达D站？答案如图1.3.5所示，大家学会了吗？

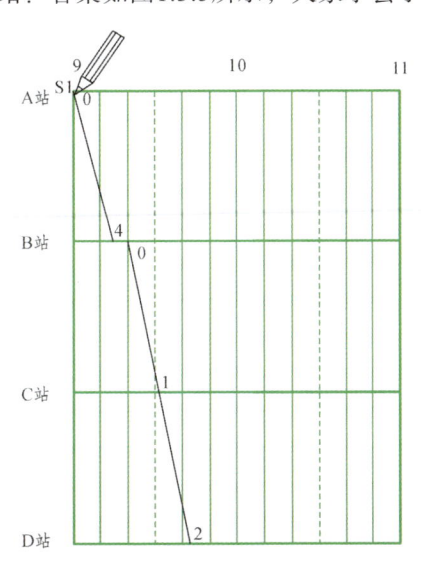

图1.3.5　C站通过时S1列车运行线绘制

列车运行线也可以从终点站的终到时刻倒推回始发站，或者从中间车站的到发时刻分别推算始发、终到站。

3）处理列车运行线的交会、越行

在单线轨道，势必会遇到列车交会的情况，这时就需要规定一列车在车站等待直至另一列车发出，这就是交会。在单线或双线轨道，都可能发生慢速列车跑在快速列车前面的情况，这时就可以让慢速列车先在车站停车等待，直至快速列车发出再继续运行，这就是列车越行。无论是交会或越行，两条运行线之间满足相应的车站间隔时间即可。

例如，在图1.3.5的基础上，增加对向列车S2在9:20从D站出发，假设线路是单线，则在C站和第一个列车发生交会，让该对向列车在C站停站，经推算到达C站时为9:31，和第一个列存在冲突，如图1.3.6（a）所示。为了保证安全，列车之间需要满足不同时到达间隔时间4 min和会车间隔时间2 min。这时，可以后移S1的B—D段运行线4 min，以满足不同时到达间隔时间，S2在C站停留等S1通过后，为满足2 min的会车间隔，就在9:37分时出发，依次推算B站和A站的时刻点为9:48和10:01，如图1.3.6（b）所示。

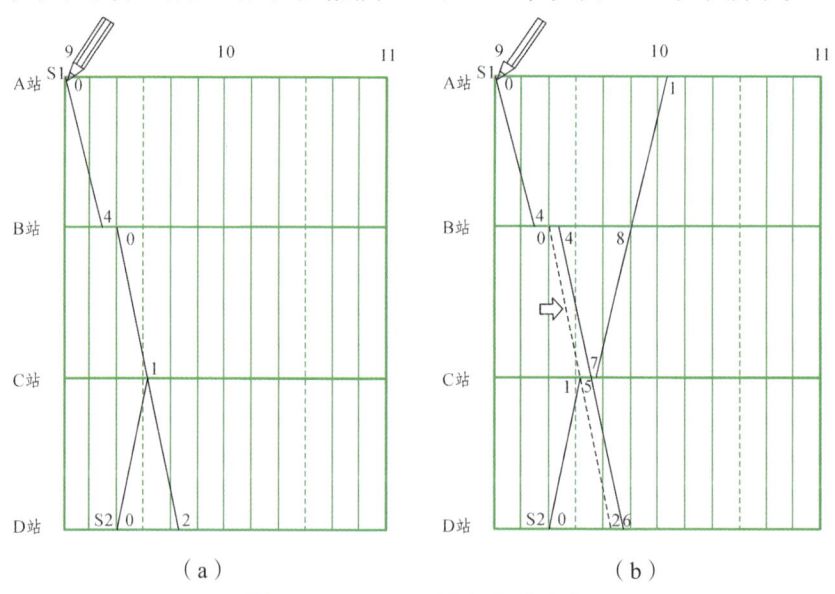

图1.3.6　S1和S2列车运行线交会

4）天窗的安排

根据编制资料给出的天窗方案，需要在列车运行图上提前预留出天窗时间。如果设置的天窗不允许行车，则所有列车需要在天窗开始前到达车站停车等待，直至天窗时间结束才能发出。如果设置的天窗允许行车，则列车需要减速通过天窗时段，这时需要按照慢行区间运行时分（列车为保证安全，以较低速度通过有天窗区间）来推算列车运行线在天窗内的到发时刻。如图1.3.7所示，红色矩形框代表矩形天窗，天窗开始时，下行列车S1处于区间内，就需要在区间停车直至天窗时间结束。而上行列车S2在B站停车且还未发出，就需要在天窗时间结束后再发车。

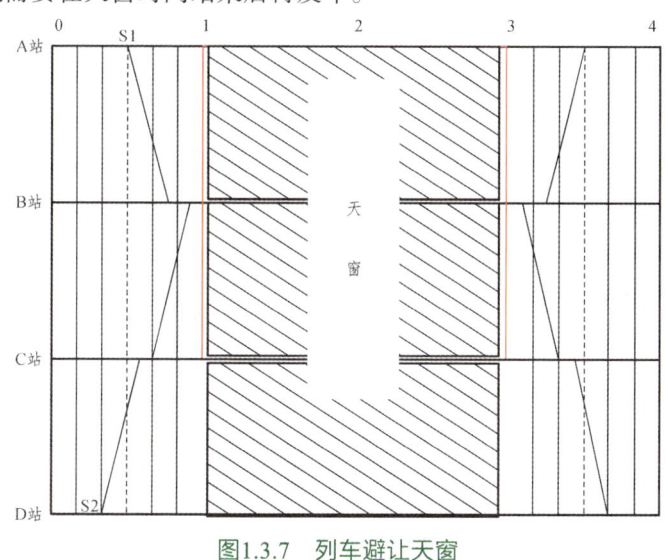

图1.3.7　列车避让天窗

第二节　开始编图吧

下面请大家准备好一支铅笔、一块橡皮、一把尺子和几张白纸，遵循上文提到的列车运行图编制基本原则，根据给出的编制资料和编制步骤，自己动手编制一个简单的列车运行图吧。在过去计算机并不普及的年代，运输企业的编图工作人员仅用上面的几样文具就能编制出各种复杂的运行图。

一、编制资料

1. 线路数据

某条单线铁路的区段示意图如图1.3.8所示，共有a、b、M、c、d 5个站，a站—d站方向为下行方向，各区间里程见表1.3.1。

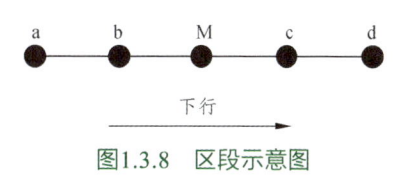

图1.3.8　区段示意图

2. 编图要素

列车运行图编制时间为7:00—19:00，无天窗。两列同向行驶的列车最小行车间隔时间（连发间隔）为3 min，不同时到达间隔时间、不同时到发间隔都为4 min，会车间隔时间为2 min（见图1.3.9）。区间运行时间和起停车附加时间见表1.3.1。

表1.3.1　区段运行时分及列车起停附加时分表

站名		a	b	M	c	d
慢车运行时分/ min	上行	8	12	14	10	
	下行	8	12	14	10	
快车运行时分/ min	上行	6	9	10	7	
	下行	6	9	10	7	
列车起停附加时分/ min	起车	1	1	1	1	
	停车	1	1	1	1	
区间距离/km		8	12	14	10	

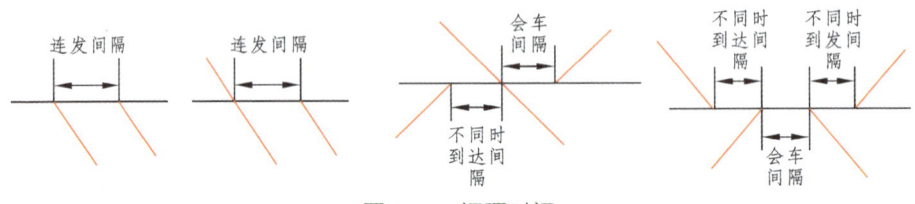

图1.3.9　间隔时间

3. 行车方案

开行车次为S1～S20的上下行慢车10对，开行车次为F1～F10上下行快车5对；慢车站站停，每站停3 min。快车仅在M站停3 min。

二、绘制过程

1. 绘制底图

首先需要准备一张空白的列车运行图底图，从图中可以看出，这是一个10分格运行图，时间范围为7:00—19:00。根据区段车站信息，需要在图中左边空白栏铺画车站中心线。如何确定车站在哪个位置呢？前文说过，一般按照区间

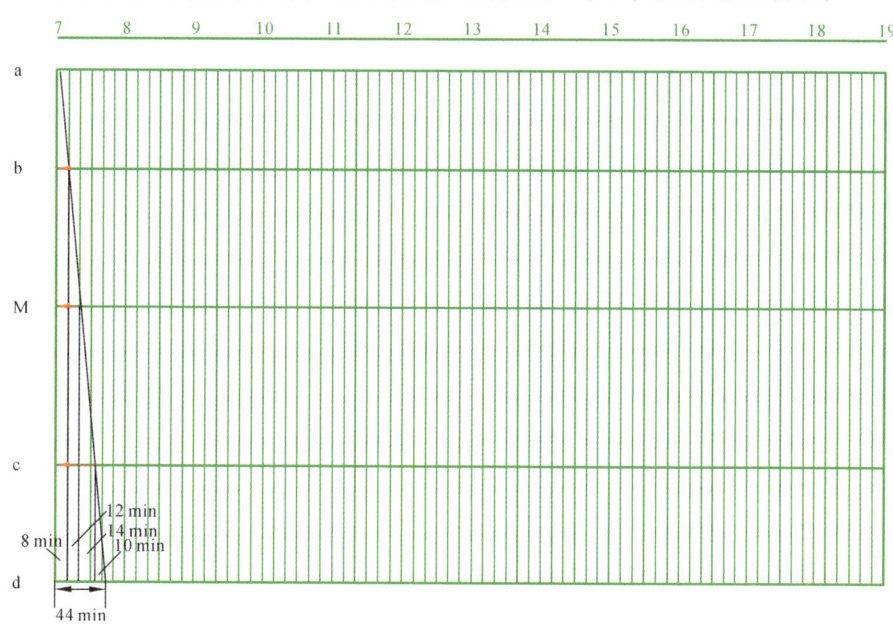

运行时分的比例确定车站中心线的位置（详见第二章），如图1.3.10所示。

图1.3.10　确定车站中心线位置

2. 铺画列车运行图

根据要求，需要在7:00—19:00的时段内铺画10对慢车，5对快车。

（1）在绘制每条列车运行线时，都需要给定一个起始时刻点，由于实例中没有给出更多对于列车始发、终到时间的限制条件，可以根据均衡性原则，初步给定每个列车在始发站的始发时刻。具体做法就是，按上下行分别确定7:00—19:00时段内15个列车均衡出发时的始发时刻，很容易计算出，让每两个列车的始发时间间隔51 min左右即可。例如，下行第一列车在车站a的始发时间是7:00，则第2列车始发时间暂定为7:51，第3列车始发时间暂定为8:42，依次类推，可得到所有下行车的始发时间。上行列车在d站的始发时间也如法炮制即可，如图1.3.11所示。

（2）建议先从始发时间最早的下行列车开始，遵循安全性原则依次铺画各站的运行线直到终点站，铺画时需要满足区间运行时分、起停附加时分、最少停站时间标准。接着，开始铺画始发时间最早的上行列车。经验表明，单线轨道采用上下行列车交替铺画的方法，能较为充分地利用线路能力，如图1.3.12所示。

了不起的列车运行图

图1.3.11　均衡分布起始时刻点

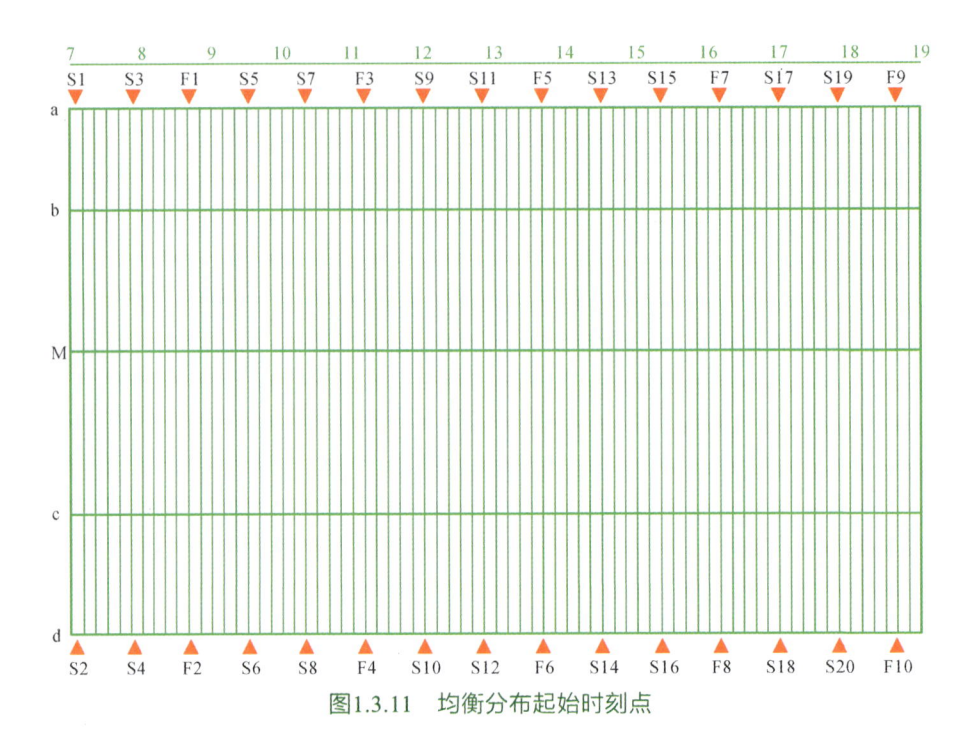

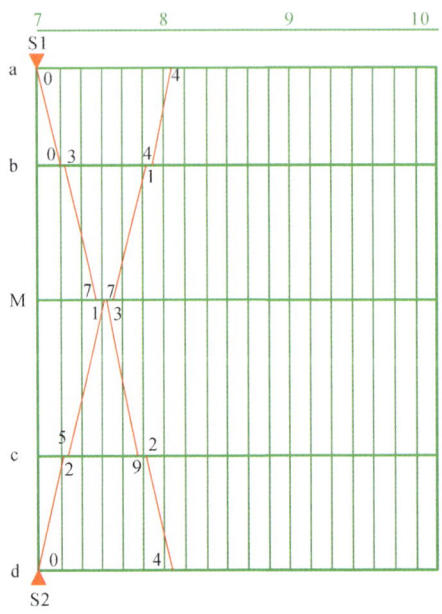

图1.3.12　列车运行线铺画示意图

（3）因为是单线轨道，所以列车推画过程中将遇到与其他列车交会的情况，此时，两车之间要满足会让方案里面的列车间隔时间标准。根据列车运行图高效运行原则，慢车需停站会让快车，而快车不能会让慢车。由于会车间隔时间的影响，按照51 min的发车间隔铺画运行线，区间能力会出现不足，可以适当调整优化列车的始发时间来满足区间能力的需求。

3. 检查列车运行图，生成列车时刻表

如果所有列车运行线都铺画完毕，可以检查全图，看看是否有不满足标准的运行线。根据这个图就可以生成一个列车时刻表，进行社会发布。

其实，列车运行图可以有多种铺画方案。仔细观察图1.3.13和图1.3.14所示的编制好的列车运行图，能看出区别吗？

可能乍一看会觉得好像没有区别，但仔细观察每个车站就会发现，图1.3.13基本在每个车站都有列车交会，而图1.3.14只有在M站发生交会，在其他站列车都是正常停站后就发出。除此之外还可以看出，图1.3.13发车时间间隔不规律，连续两趟列车之间间隔在10~50 min不等，而图1.3.14发车时间间隔基本在50~60 min，每2 h发6列车。为什么会出现这种情况呢？这是因为在列车的始发时间设置时，图1.3.13没有均匀设置，始发时刻在运行图上分布不均匀，就会产生发车间隔规律性差，运行线分布不均衡，列车在车站交会次数多的问题。相比较而言，图1.3.14就显得规律性强，整齐均匀地分布在列车运行图上。在轨道交通中，要尽量减少列车的交会和避让，才能提高列车的运行速度，缩短列车运行时间。同时，恰当的交会方式能够增加发车频率，提高发车数量。

此外，要注意的是，通常情况下，不建议安排列车密集地发车和到达，因为这样会导致车站在一段时间内大量接车和发车，造成车站工作组织混乱，车站线路能力紧张。你有没有画成图1.3.15的样子呢？

如果换成双线轨道，那么列车交会问题就迎刃而解了，上下行列车都在各自的轨道上运行，互不干扰，可以大大提高列车的运行效率和安全性。从图1.3.16中可以看出，双线列车运行图与单线列车运行图相比，多了相互交叉的列车运行线，上下行列车无须在车站进行交会，列车的运行速度明显提高了，完成整趟运输任务花费的时间也更少了，因此开行15对列车所需的时间比单线运行图缩短了3个多小时，大大减轻了运营组织部门的工作负担。

通过自制列车运行图，大家能感受到铺画列车运行图的难度吗？这里还仅仅只有4个车站、15对列车，编图的规模很小。当面对十几条线路、上百个车站、上千对列车的编图规模，那复杂度和工作量是否难以想象？所以，编制列车运行图的工作人员真的很了不起啊！

了不起的列车运行图

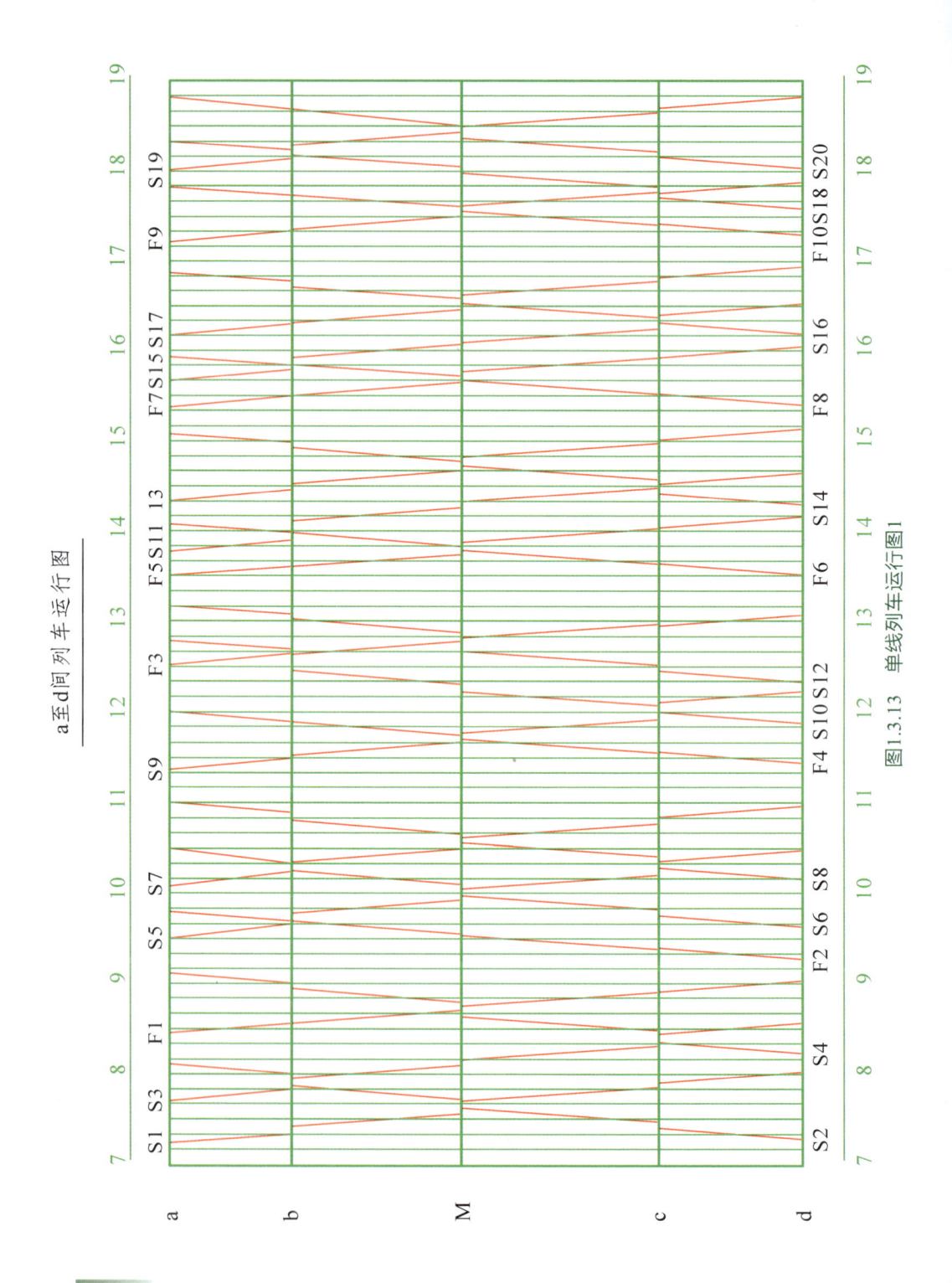

图1.3.13 单线列车运行图1

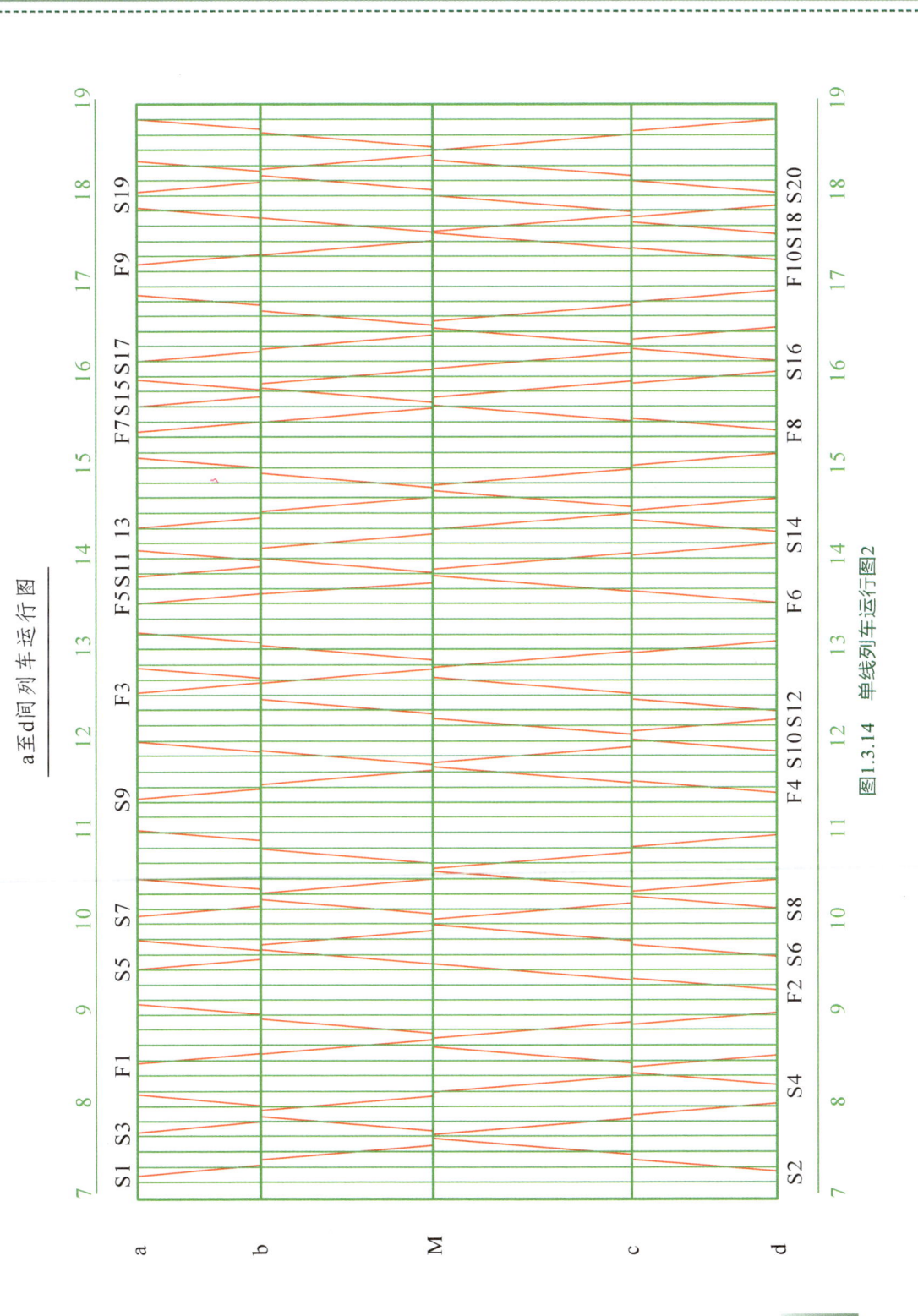

第三章 自制列车运行图

图1.3.14 单线列车运行图2

了不起的列车运行图

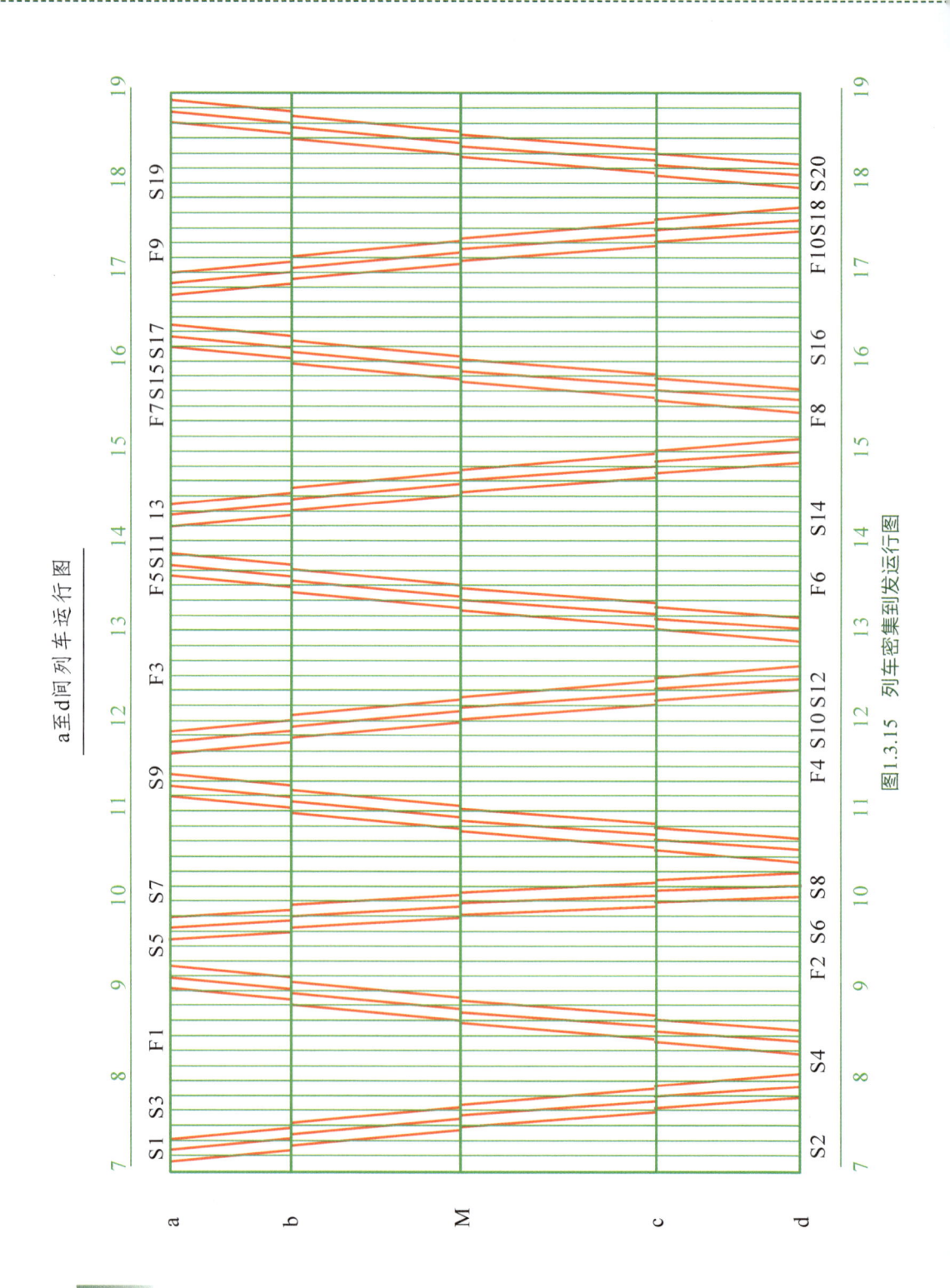

图1.3.15 列车密集到发运行图

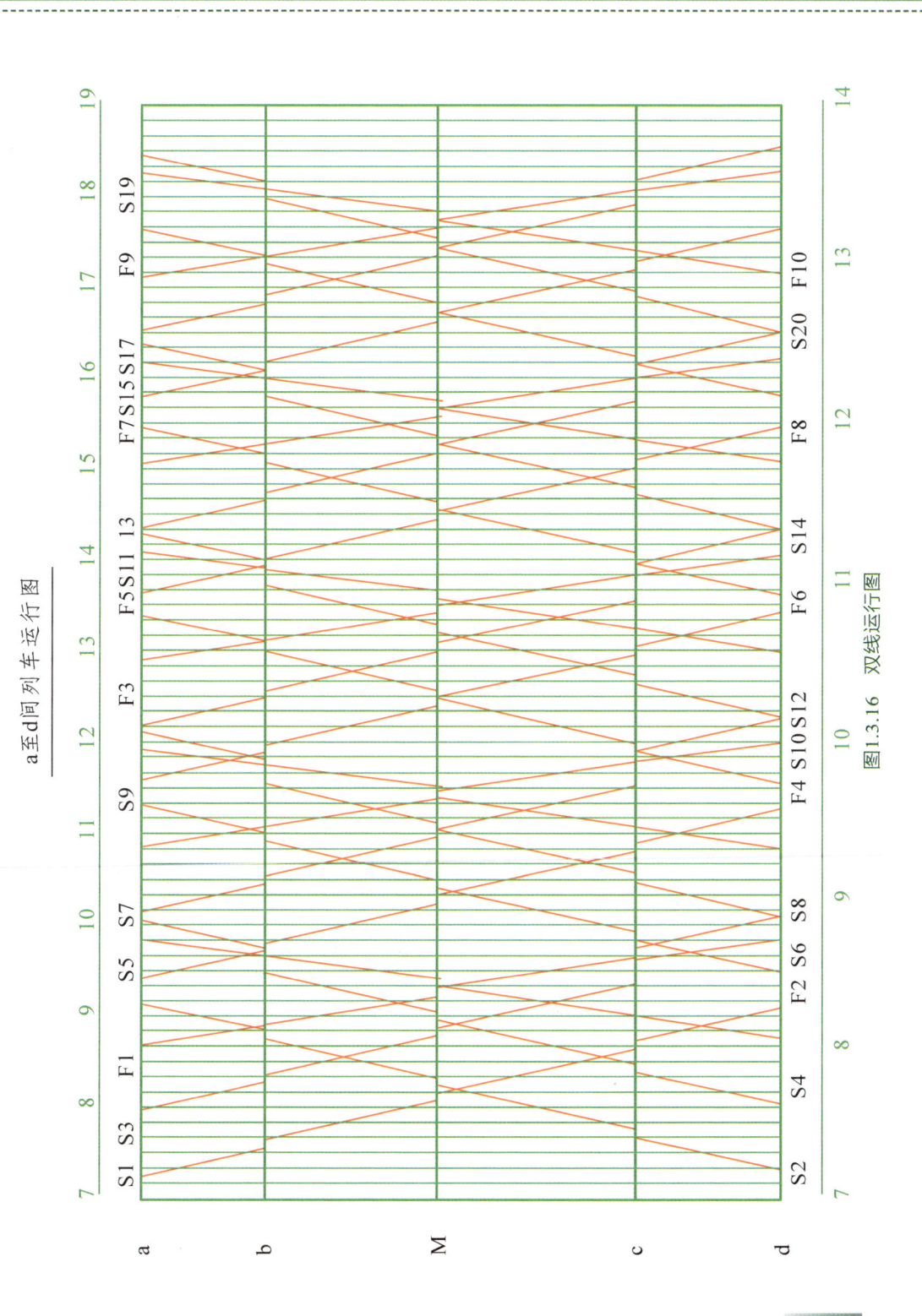

图1.3.16 双线运行图

第四章　列车晚点

列车晚点是旅客最头痛的问题，也是轨道交通系统无法避免的难题。列车为什么会晚点？列车晚点会产生怎样的影响？列车运行图中如何预防晚点发生？本章将给出答案。

第一节　为什么列车会晚点？

"受周边省份强降雨影响，途经、终到广州的多趟普速列车出现大面积晚点。截至14时30分，晚点3 h以上的普速列车共有24列，晚点1.3 h以上的普速列车共有7列，晚点0.5 h以上的普速列车共有7列。"如图1.4.1所示，有过紧急出行经历的朋友应该都知道，最让人头疼的问题莫过于被告知行程被推迟，所乘坐的车次晚点了。其实，只要是交通工具，都存在不稳定因素导致无法准时出发或到达的情况，轨道交通也不例外。

图1.4.1　车站通知显示屏

列车晚点是指列车在原计划时间之后才到达预定的目的地。对旅客而言，列车晚点会对行程产生影响，需要调整原计划，如推迟行程或改变交通方式等。同时，列车晚点也可能给运输企业带来经济损失和声誉下降的风险。所以，避免列车晚点以及处理好列车晚点带来的影响非常重要。

在轨道交通中，列车晚点一般分为两种情况，如图1.4.2所示。一种是初始晚点，即由于各种原因导致列车不能按照时刻表准时出发或到达某个车站，造成计划时刻和实际运行时刻的偏移；另一种情况称为连带晚点，即因为前面一趟车的晚点情况造成后续列车的晚点。列车发生初始晚点后，对后续列车产生影响发生连带晚点，这叫作晚点的传播性。

图1.4.2　列车晚点示意图

相比之下，初始晚点是列车晚点的源头，要应对列车晚点先要了解晚点的源头。那么通常导致列车初始晚点的原因有哪些呢？

（1）天气及不可抗力因素：大雪、暴雨等恶劣天气出现，沿线滑坡、泥石流、地震等自然灾害发生时，为了车、人的安全，轨道交通部门会让列车降低速度行驶，甚至封闭轨道进行清理。列车需要停车等待直到可以通行为止。

（2）突发事故：列车上的突发事故，如乘客突发疾病、孕妇临产、搜捕犯罪嫌疑人，前车出现故障、轨道上有人或异物等，列车为了运行安全，会根据实际情况降低行驶速度或者停车等待救援人员，直到危险解除。

（3）设备故障：轨道交通线路上有各种各样的设备，如供电设备、通信设备等，甚至列车本身也有可能出现问题。这些故障一旦出现必须立即维修，否则列车开行会有危险，所以列车会停车等待维修人员。

（4）让道：在列车调度人员的安排下，为一些特殊专列或特殊列车让道（如救援专列、军列等）也会导致列车晚点。例如，2012年9月云南彝良县地震灾害发生后，南宁铁路局紧急启动应急预案，在9月8日至10日两天的时间里，连续开出7趟"抢"字头专列，向灾区运输2万件棉大衣、200多车成品油。

（5）大客流影响：城市轨道交通因为运营里程短，在早晚高峰及节假日会有大量旅客通勤，短时间内的大量客流会造成运输系统过载，运营系统紧张。若乘客没有及时疏散，客流积聚较多就会导致列车停站时间过长，从而造成列车晚点。当然，还有很多具体原因需要根据实际情况来确定，如调度人员指挥不当、列车的车体没有准时上线，等等。

第二节　应对列车晚点

一、列车晚点的应对

当发生列车晚点时，轨道交通部门需要积极开展应对处理，包括：

（1）旅客处置。与列车上的旅客进行有效沟通和管理，照顾重点旅客，安抚旅客情绪。上报上级部门，由上级部门及时通报给列车候车旅客，便于旅客调整自己的行程。根据晚点级别，启动相应的旅客晚点处置程序，如退票、改签、赔偿等。

（2）运输组织调整。行车调度人员要随时监控列车晚点情况，通过调整铺画列车运行计划，发布调度命令，沟通列车司机，尽快恢复列车运行秩序，减少列车晚点。短时间不能开通线路时，要制订方案安排列车迂回、折返运行，加强沿线车站与列车的协调。

（3）应急处置。如果列车晚点情况严重，如大规模晚点、事故救援等，需要成立专门的应急领导小组，动员轨道运输各部门力量，甚至协调政府力量、社会力量来进行应急处置。

（4）责任分析。轨道运输部门还将对列车晚点进行统一的责任分析，对每一个部门和区域进行检查，明确责任归属。

二、设置列车运行图冗余时间

可以看到列车晚点无论对于轨道运输企业还是旅客都是百害而无一利，但发生列车晚点的因素很多不可控制，因此事实上又是不可避免的。难道只能被动地应对突发的列车晚点吗？其实不是，为了更好地应对列车晚点，轨道运输企业也可以采取一些主动措施进行预防。其中一个措施，就是在编制列车运行图时，刻意设置一定的冗余时间，增加运行图的弹性，可以有效缓解晚点的影响范围，使轨道交通系统尽快恢复正常运营。

列车运行图的冗余时间是指列车运行图内设置的各列车区间运行、车站停站、列车间追踪运行和列车间接续等图定作业时分与完成该作业所需的标准作业时分之间的差值。如图1.4.3所示，冗余时间主要有区间冗余时间、停站冗余时间和间隔冗余时间等类型，图中实线表示编制好的列车运行线，虚线表示按区间运行时间标准铺画的运行线。

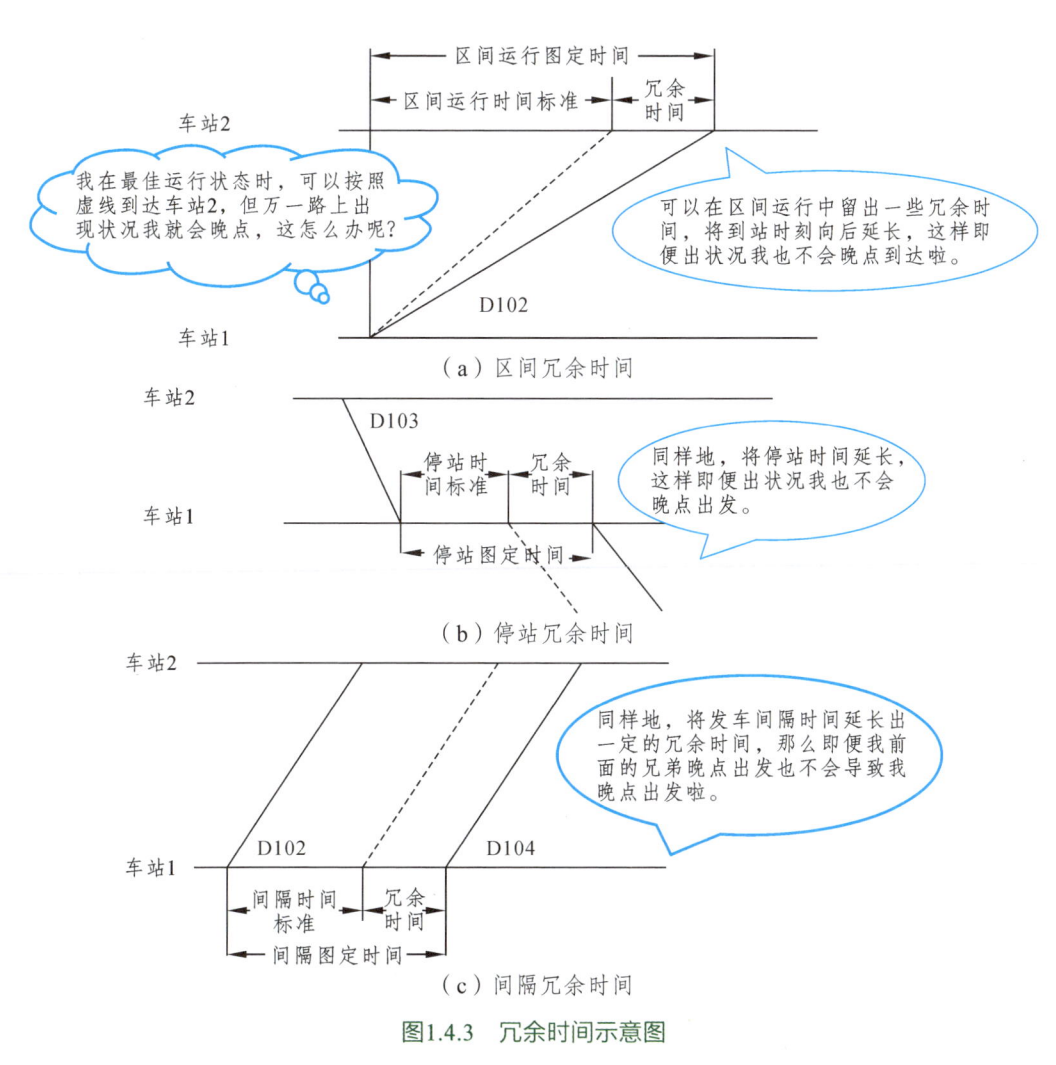

（a）区间冗余时间

（b）停站冗余时间

（c）间隔冗余时间

图1.4.3　冗余时间示意图

冗余时间越大,调度员可以用来恢复晚点的时间资源越多。如图1.4.4所示,调度员利用列车在车站1的停站冗余时间让列车在车站1可以正常发车或减少晚点发车,前者为晚点完全恢复,后者为晚点部分恢复。

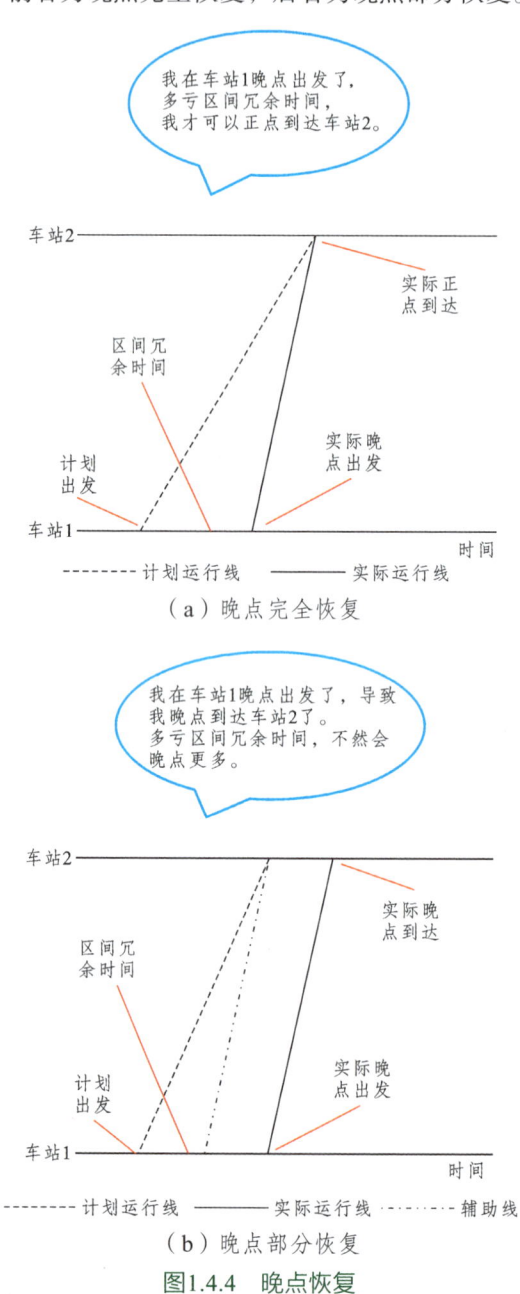

(a)晚点完全恢复

(b)晚点部分恢复

图1.4.4 晚点恢复

调度员还可以利用列车在区间的冗余时间，与司机交流，通过提速的方式组织列车进行晚点恢复。如果列车发车时间晚点，但是到站时间准点，则称区间完全恢复，如图1.4.5（a）所示；如果到站时间也晚点但晚点时长小于发车晚点时长，则称为区间部分恢复，如图1.4.5（b）所示。区间晚点恢复是调度员组织晚点恢复的主要手段，相对来说区间冗余时间的晚点恢复时长和利用率相较车站恢复要更高一些。

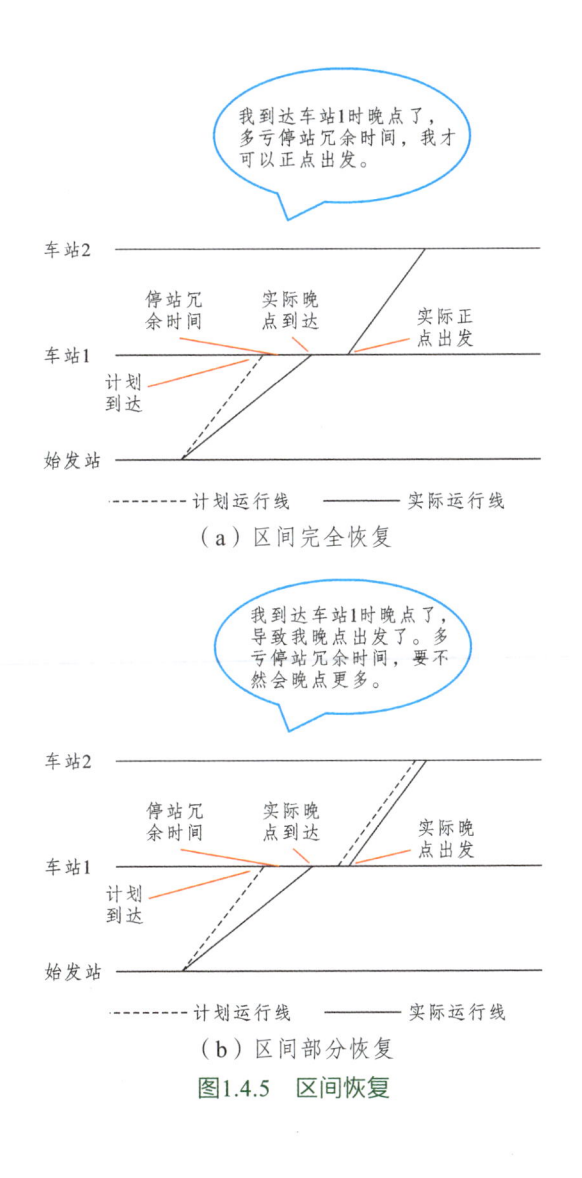

（a）区间完全恢复

（b）区间部分恢复

图1.4.5 区间恢复

冗余时间的设置有利于增强列车运行图的稳定性，但是，设置过长的冗余时间既会造成大量能力空费，又会增加列车的旅行时间。因此，冗余时间的设置应有重点取向。如一些容易发生延误的重点区域、等级高的列车等就应多设置冗余时间。冗余时间的设置大致遵循以下原则：

（1）在客流量较大的枢纽站、大型客运站以及换乘客流较大的车站应分配较多的冗余时间。这些车站作业复杂、站场能力紧张、设备负荷重，是晚点高发区域。在大站之前设置较多的区间冗余时间不仅可以减少可能的晚点带来的冲击，还可增加冗余时间的利用率，保证列车在之前的运行不空设冗余时间。除此之外，这些车站重要程度较高，列车运营准点率要求也较高，需要确保不同线路列车之间或者轨道交通与其他交通方式之间的接续正点。在这些重点车站所在的区间应设置较多的缓冲时间，可以有效地提高此类车站的作业效率，降低列车晚点发生及传播的概率。

（2）结合实际运营统计数据，在列车运行高峰期、列车换乘连接时段等晚点易发时段应适当分配冗余时间。高速铁路，尤其是城际高速铁路随客流波动有明显的潮汐现象。在高峰时段，运行的微小干扰很容易引发列车大范围的延误，在能力利用允许的前提下应该考虑对此时段运行的列车增加冗余时间，而且应该优先考虑在运行线间或运行线群间设置冗余时间。同时，通过分析线路各区间站间距的差异与纵断面特征，结合其线路技术条件合理设置列车区间运行缓冲时间有助于降低列车运行能耗，降低轨道交通企业运营成本。

（3）长途高等级列车、城际高速列车等对准时性很敏感的列车应多分配冗余时间，以增大运行准点的可靠性。

三、应用列车运行图冗余时间应对晚点示例

情景一：如图1.4.6所示，C6602次列车在K站至J站区间受到干扰，晚点2 min到达J站。

C6602次列车在J站本应该按7:02分通过，如图1.4.6中K—J—I间虚线所示，后晚点到7:04分通过，如图1.4.6中K—J—I间实线所示，所以属于通过晚点。这时可以通过J站至I站区间恢复来缓解晚点情况，J站至I站区间给定的运行时分为11 min，而图中的列车到发时刻是按照运行时分13 min铺画

的，所以存在区间冗余时间2 min，可以通过提高列车运行速度完全恢复区间晚点情况。这时，司机可以在与调度员商量后，适当提速，最终列车7:15分正点到达I站。

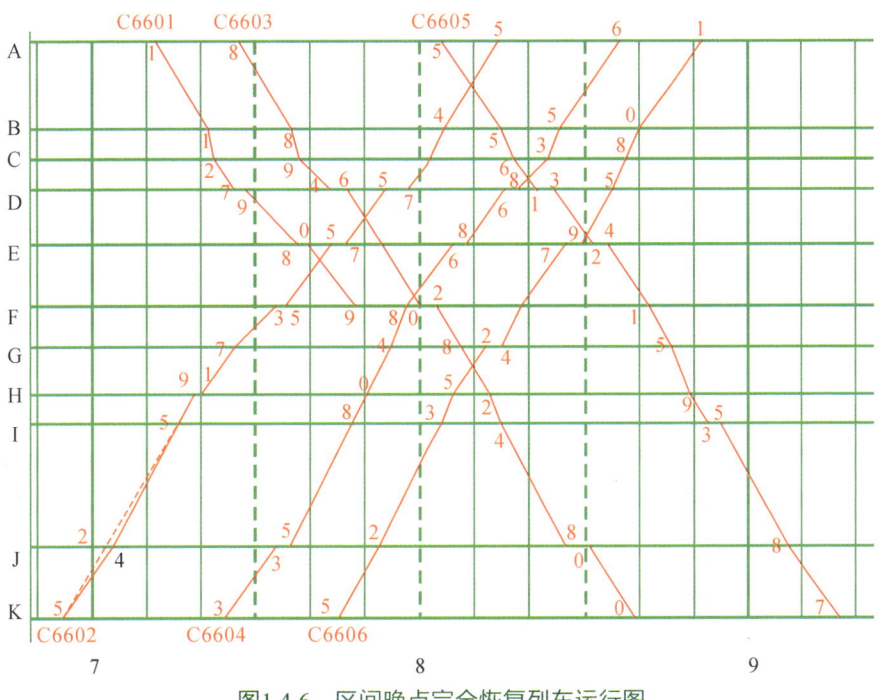

图1.4.6 区间晚点完全恢复列车运行图

情景二：C6602次列车在E站至D站区间受到干扰，晚点2 min到达D站。

C6602次列车在D站停车，本应该7:55分到达D站，如图1.4.7中E—D间虚线所示，后晚点至7:57分到达，如图1.4.7中E—D间实线所示，因此属于停车作业晚点。这时由于D站存在停站冗余时间，可以缓解2 min的晚点情况，最终列车运行还是从D站正点7:59分出发。

从以上两个例子可以看出，高质量的列车运行图具有较好的弹性，可以更好地应对晚点的发生，尽可能减少列车晚点对整个路网运营组织的影响。但是一张列车运行图里留有的冗余时间太长会减少列车通过能力，反而降低铁路运营效率，因此需要合理的安排，既拥有一定的可调整性，还不影响列车运输能力。

图1.4.7　车站晚点完全恢复列车运行图

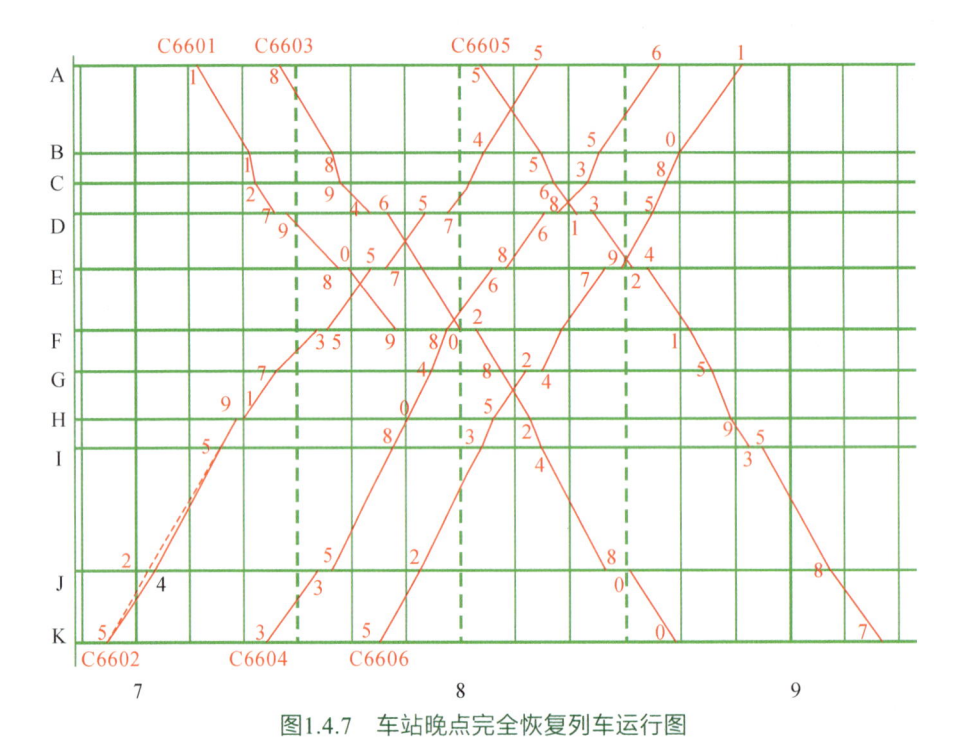

编制高质量的弹性列车运行图是应对令人头痛的列车晚点问题的有效措施，列车运行图功能如此强大，真的很了不起啊！

第二篇
铁路列车运行图

在轨道运输系统的各种运输方式中，传统铁路运输作为我国中长距离的"性价比之王"，长期以来，在我国国民经济发展中占据着十分重要的地位。本篇将重点介绍传统铁路列车运行图的编制和调整流程，传统铁路旅客列车运行图和货物列车运行图的特点以及传统铁路列车运行图未来的发展趋势，帮助大家全面了解传统铁路列车运行图（以下简称铁路列车运行图）。

需要注意的是，根据《中华人民共和国铁路法》第二条规定，铁路按照投资和经营主体不同，分为国家铁路、地方铁路、专用铁路和铁路专用线。国家铁路是指由国务院铁路主管部门管理的铁路。地方铁路是指由地方人民政府管理的铁路。专用铁路是指由企业或者其他单位管理，专为本企业或者本单位内部提供运输服务的铁路。铁路专用线是指由企业或者其他单位管理的与国家铁路或者其他铁路线路接轨的岔线。人们平时接触最多且谈及的主要是国家铁路，是全国建成的规模最大的铁路网，在国民经济中具有特别重要的地位，是国家重点发展的基础设施。本书中涉及的传统铁路主要是指国家铁路，探讨国家铁路的列车运行图编制。

第一章　列车运行图编图大会邀请函来了

如图2.1.1所示，2019年12月30日中央广播电视总台新闻联播播报：2019年12月30日零时起，全国铁路将实施新的列车运行图。调图后，全国铁路增开旅客列车263.5对，达到4816.5对，铁路运输能力显著提升，为做好2020年春运工作打下了坚实基础。

图2.1.1　铁路列车运行图相关新闻报道

现今，大家会注意到每隔一段时间，新闻联播就会报道铁路部门调整全国列车运行图的消息，同时告知公众调整后列车运行图新的变化。用新闻的方式进行宣传，可见，铁路列车运行图的编制调整是件严肃且意义重大的事情。而每次列车运行图的编制调整对铁路部门而言，不亚于进行一场声势浩大的会战，需要调动国铁集团及下属18个铁路局集团公司及专业运输公司的机、车、工、电、辆的技术骨干力量采用若干周封闭式会议的方式进行调图。

国铁集团是中国国家铁路集团有限公司的简称，是经国务院批准、依据《中华人民共和国公司法》设立、由中央管理的国有独资公司，主要负责我国国家铁路的客货运运营和建设工作，承担国家规定的公益性运输任务。国铁集团下设18个铁路局集团公司及专业运输公司，它们分片区管辖并直接运营国家铁路。

当各参会人员收到国铁集团发出的列车运行图编图大会邀请函——"××年××季度列车运行图调图会议通知"时，列车运行图的编调图工作就正式启动了。

一、会议启动时间

为了适应不同季节、不同节假日客货流的变化，铁路列车运行图的全面调整通常需要进行6次，分别为第一、二、三、四季度、春运、暑运列车运行图的编调图会，见表2.1.1。例如，每年的12月会召开次年春运列车运行图的编调图会议，目的是应对即将到来的春运客流高峰，需要对列车运行图进行以增加列车为主的调图工作。此外，当铁路新线开通或者一些特殊的客货流情况出现时，还需要临时召开编调图大会。近年来，我国高铁新线开通频率较高，因此召开调图会议的频率也较高，从2个月一次增加为1个半月左右一次。

表2.1.1 编图会议安排

会议名称	编图召开时间
第一季度列车运行图编图会议	每年11、12月
春运列车运行图编图会议	每年12月
第二季度列车运行图编图会议	每年1、2月
第三季度列车运行图编图会议	每年4、5月
暑运列车运行图编图会议	每年5月
第四季度列车运行图编图会议	每年8、9月

二、参会人员及职责

为保证列车运行图编制工作的顺利进行，国铁集团、铁路局集团公司将成立编图委员会和编图工作组，且必须遵守集体领导和分工负责的工作原则，如图2.1.2所示。有关全局性的重大问题，由编图委员会研究决定；技术业务问题，由编图工作组协调各业务部门负责处理，总规模可达到近百人。

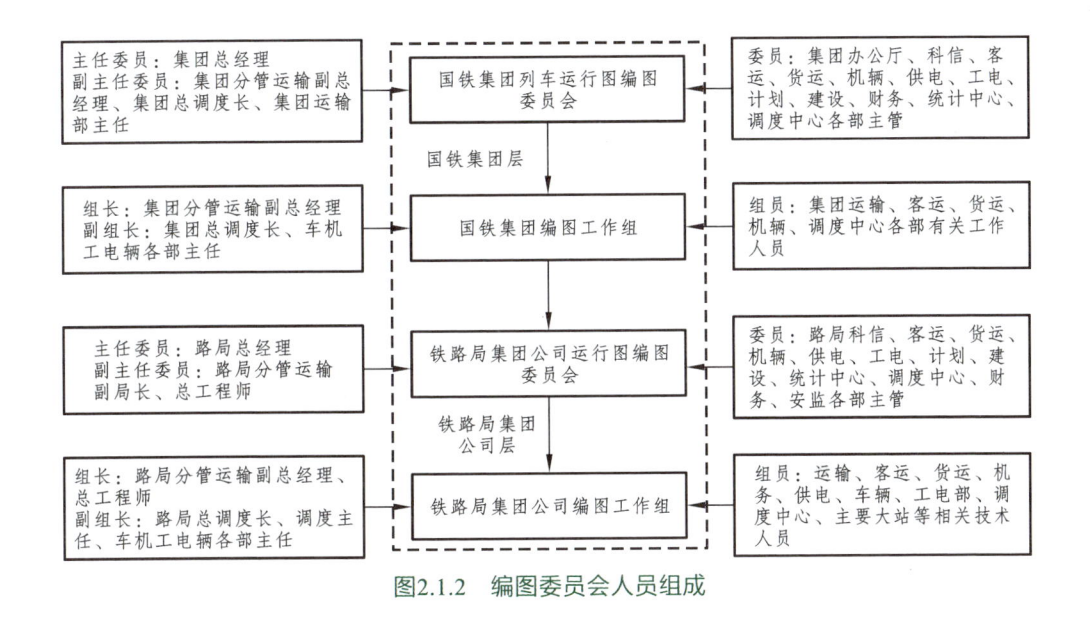

```
┌─────────────────────────┐      ┌──────────────────────┐      ┌─────────────────────────┐
│ 主任委员：集团总经理     │      │ 国铁集团列车运行图编图 │      │ 委员：集团办公厅、科信、客│
│ 副主任委员：集团分管运输副总│─────▶│      委员会          │◀─────│ 运、货运、机辆、供电、工电、│
│ 经理、集团总调度长、集团运输│      │                      │      │ 计划、建设、财务、统计中心、│
│ 部主任                  │      └──────────┬───────────┘      │ 调度中心各部主管        │
└─────────────────────────┘                 │ 国铁集团层           └─────────────────────────┘
                                            ▼
┌─────────────────────────┐      ┌──────────────────────┐      ┌─────────────────────────┐
│ 组长：集团分管运输副总经理│─────▶│ 国铁集团编图工作组    │◀─────│ 组员：集团运输、客运、货运、│
│ 副组长：集团总调度长、车机│      │                      │      │ 机辆、调度中心各部有关工作 │
│ 工电辆各部主任          │      │                      │      │ 人员                    │
└─────────────────────────┘      └──────────────────────┘      └─────────────────────────┘

┌─────────────────────────┐      ┌──────────────────────┐      ┌─────────────────────────┐
│ 主任委员：路局总经理     │      │ 铁路局集团公司运行图编图│      │ 委员：路局科信、客运、货运、│
│ 副主任委员：路局分管运输 │─────▶│      委员会          │◀─────│ 机辆、供电、工电、计划、建 │
│ 副局长、总工程师        │      │                      │      │ 设、统计中心、调度中心、财 │
│                         │      │                      │      │ 务、安监各部主管        │
└─────────────────────────┘      └──────────┬───────────┘      └─────────────────────────┘
                                            │ 铁路局集团
                                            │ 公司层
                                            ▼
┌─────────────────────────┐      ┌──────────────────────┐      ┌─────────────────────────┐
│ 组长：路局分管运输副总经理、│      │                      │      │ 组员：运输、客运、货运、机│
│ 总工程师                │─────▶│ 铁路局集团公司编图工作组│◀─────│ 务、供电、车辆、工电部、调 │
│ 副组长：路局总调度长、调度主│      │                      │      │ 度中心、主要大站等相关技术 │
│ 任、车机工电辆各部主任   │      │                      │      │ 人员                    │
└─────────────────────────┘      └──────────────────────┘      └─────────────────────────┘
```

图2.1.2　编图委员会人员组成

（1）国铁集团层：成立以集团总经理为负责人的编图委员会，负责确定全路列车运行图的编制方针、原则、任务，决策重大技术问题，批准实施新列车运行图。成立以副总经理为负责人的编图工作组，在国铁集团编图委员会的领导下，确定主要技术作业标准，具体组织运行图的编制、调整和实施工作。

（2）铁路局集团公司层：成立以公司总经理为负责人的编图委员会，根据国铁集团的统一部署，结合本局情况负责确定管内列车运行图的编制方针、原则、任务，拟定具体实施计划，协调解决有关问题，全面领导并按时完成本局的编图工作。下设铁路局集团公司编图工作组，在铁路局集团公司编图委员会的领导下，负责有关列车运行图的技术业务问题，具体负责列车运行图的编制、调整和实施工作。

三、会议程序

编图大会总体上分为3个进程进行。

1. 会前准备

参会前，各参会单位需要收集并上报列车运行图编制的相关资料。具体来说，就是国铁集团在发出列车运行图调图会议通知时，将同时部署本次编图原则、任务、要求，各铁路局集团公司根据国铁集团的要求确定本局编图的任务和要求。各铁路局集团公司主管人员将根据任务和要求，在本局集团公司组织进行必要的列车运行实验，并要求各业务部门收集整理编图相关资料，交由铁路局集团公司科信部汇总，经铁路局集团公司编图委员会审核、批准后上报国铁集团。列车运行图编制的资料涉及机务、工务、电务、客运、供电等诸多部门，内容包括了编图所需的各种客货运输开行方案、技术参数和标准，表2.1.2列出了部分所需资料。

表2.1.2　列车运行图编制资料

技术资料名称	负责单位
列车车次编定表	运输部
车站正线、到发线有效长度表	工务、电务部
列车追踪、车站列车间隔时间标准	运输、机务、电务、供电部
预期客流密度、旅客列车和行包专列开行方案，动车组交路方案，客运作业时间标准，办理客运业务停站、上水站	客运部
快运货物列车、直达货物列车开行方案	货运部
旅客列车牵引机型及牵引定数	机务部
货物列车牵引机型及牵引重量、换长表	机务、运输部
列车区间运转时分、起停车附加时分	机务部

2. 召开编图大会

当编图大会的参会人员齐聚一堂后，整个会议的工作主要就围绕着编制一张覆盖整个国家铁路的列车运行图展开。列车运行图编制实行两级负责制，由国铁集团负责总体协调编图方案（特别是直通列车运行计划的制定），各铁路局集团公司负责局管内列车运行计划的制定，同时各铁路局集团公司以运输、客运专业人员为主开展具体编制运行图的工作。根据编图目标和任务的不同，整个编图会议将分阶段进行。

第一阶段编图会议，以旅客列车运行线的铺画为重点。主要由国铁集团协调各铁路局集团公司完成直通旅客列车和快运货物班列运行线的铺画。快运货物班列运行线是按旅客列车模式（有明确固定的时刻表）开行的货物列车，因此与旅客列车一起铺画。然后，各铁路局集团公司分别完成本局管内旅客列车运行线的铺画。在此基础上，编制旅客列车的机车车辆及动车组等运载工具资源的使用计划，称为客运机车周转图、客车车底周转图、动车组交路图等。因为旅客列车运行图上的列车都必须由具体的机车车辆或动车组来实现，列车运行线的数量和分布决定了机车车辆和动车组需承担的运输任务，所以编制旅客列车运行图时还要编制机车周转图、车底周转图、动车组交路图等，提高机车车辆和动车组的运用效率和列车开行方案的可行性。

第二阶段编图会议，以货物列车运行线的铺画为重点。在旅客列车和快运货物班列运行线编图的基础上，继续完成货物列车运行线的铺画，同时编制货物列车的机车车辆使用计划，称为货运机车周转图。

看到这里，你一定会发现出现了两个新的名词——直通和管内列车，让我们一起来了解一下吧。国铁集团将国家铁路按管辖区域划分给很多铁路局集团公司，直通列车（又叫作跨局列车）是指开行在不同铁路局集团公司之间的列车，如从成都铁路局集团公司成都东站开到西安铁路局集团公司西安北站的列车，就是直通列车，如图2.1.3中的列车A。管内列车则是在一个铁路局集团公司管辖范围内开行的列车，如从成都铁路局集团公司成都东站开到成都铁路局集团公司广元站的列车，就是成都铁路局集团公司管辖的范围，就是管内列车，如图2.1.3中的列车B。由于直通列车运行线经过多个铁路局集团公司的管辖范围，因此需要多个铁路局集团公司一起来商定沿线车站的到发时刻。如果在协商过程中意见相左，如某一个铁路局集团公司不愿意该列车夜间通过自己的管辖线路，想调到白天，而其他铁路局集团公司不同意。这时，国铁集团就要协调意见，并做出最终的决定。而管内列车，各铁路局集团公司有完全的自主决策权，可以自主安排运行线。

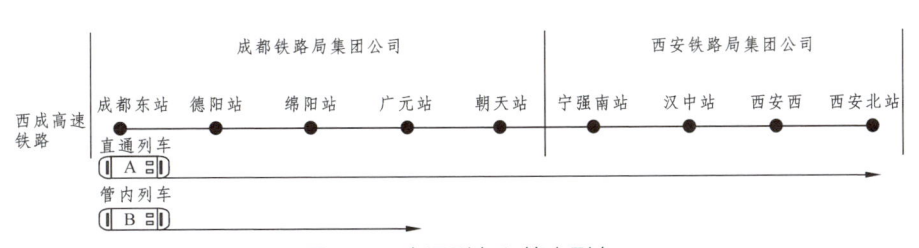

图2.1.3　直通列车和管内列车

3. 运行图及时刻表文件发布

各铁路局集团公司细化本局列车运行图，整理、编制新运行图相关文件及交换相关资料，计算运行图各项指标，全面完成运行图的编制，做好编图工作总结。原则上，新运行图文件于实施前提前下发给铁路局集团公司下属的各个专业生产部门，各专业生产部门依照新的列车运行图调整工作。

至此，列车运行图调图大会才算圆满结束，而新的列车运行图也正式出炉，应用于列车行车组织工作中，承担着新一轮的运输任务。

截至2023年年底，我国国家铁路营业里程达到15.9万千米，其中高铁4.5万千米，完成货物发送量39.1亿吨，完成客运发送量36.8亿人次。要运转如此庞大的铁路路网系统，满足如此巨量的客货运输需求，一张优秀的全路列车运行图至关重要，这是编图工作人员精诚合作、群策群力的伟大成果，真的很了不起啊！

第二章　面面俱到的旅客列车运行图

第一节　旅客列车大家族

在高铁出现以前的很长一段时间里，我国铁路旅客列车的平均速度只有50~60 km/h，几百千米的里程，往往需要耗时一夜。速度慢意味着在轨道上开行的列车数量有限，在节假日，售票窗口前总是排着一眼望不到头的长队，特别是在过年期间，可谓是一票难求。随着高速铁路技术的应用发展，铁路开行列车的速度、等级和数量都在逐年上升，运输能力也大幅提高。12306等电子售票网站的出现也大大减轻了旅客的出行负担，足不出户就可以进行买票、退票、改签等操作。座位少和买票难不再成为限制旅客乘车的因素，铁路慢慢将服务的重点转到了提高旅客乘车体验上，推出了多种多样的运输产品。例如，成都到杭州的列车有"G""D""K"开头的列车，座位种类细分为商务座、一等座、二等座、无座和软硬卧铺等，给旅客更多的选择，如图2.2.1所示。我国铁路旅客列车类型很多，已经形成了一个庞大的家族，让我们一起了解一下旅客列车的家族成员吧。

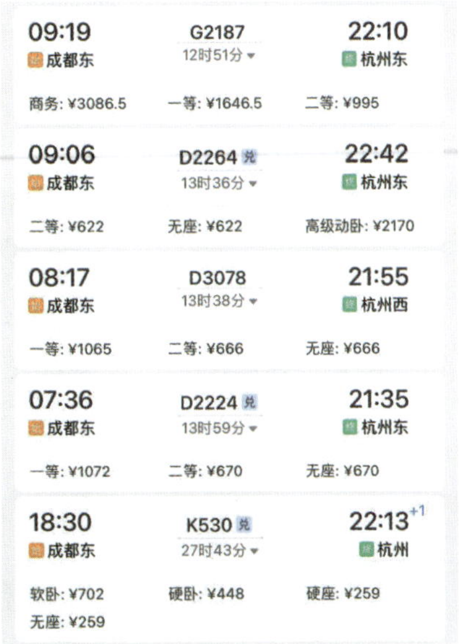

目前，按照运载工具特点、列车速度等级和服务水平，旅客列车大家族可分为两大体系：高速列车和普速列车。高速列车，由动车组担当，前缀为G/D/C，车体通常为白色、银色或绿色，是新兴的列车家族成员。普速列车，由普速机车及车辆担当，前

图2.2.1　成都—杭州的列车班次

缀为Z/T/K/L/Y/S或仅使用数字编号，车体通常为蓝色、红色或绿色，少量为白色或黄色，都是资历较老的家族成员。

（1）高速动车组列车（G字头），如图2.2.2所示，是人气最旺的家族成员，旅行速度通常高于300 km/h，大多采用CRH2C、CRH3、CRH380等动车组担当，主要负责输送高速铁路上大中城市间的客流。它快速、准时、舒适、方便，近年来，深受旅客青睐，是

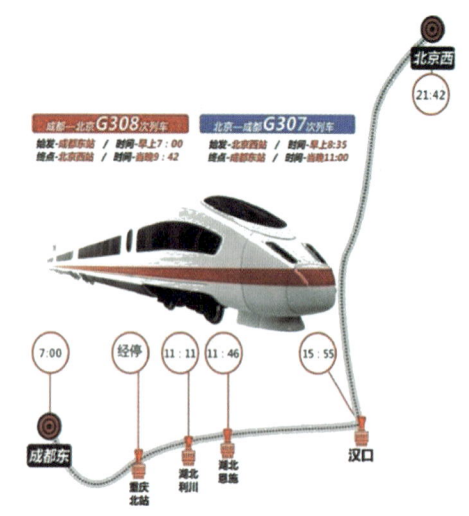

图2.2.2　高速动车组列车

铁路上运行的最高等级的列车。高速动车组列车还特别推出了商务座（见图2.2.3），这是铁路上专门针对注重乘车环境和乘车体验的旅客推出的坐席产品，商务座宽松舒适，服务周到，价格也较昂贵，因此适合有高品质追求的旅客群体选择。

图2.2.3　高铁商务座

（2）城际动车组列车（C字头），设计速度为160~350 km/h，主要采用CRH1、CR400BF等动车组担当。一般城际列车主要往返于相邻重要城市或城市群之间，所以运行里程较短（基本不超过200 km），行程耗时不多（通常在2 h以内）。例如，京津城际铁路，全长166 km（见图2.2.4），列车最高速度为350 km/h，从北京只需30 min就可到达天津，而自驾车走京津高速路则需要2 h。因此，城际铁路适合在相邻城市间进行往返通勤需求的旅客选择。

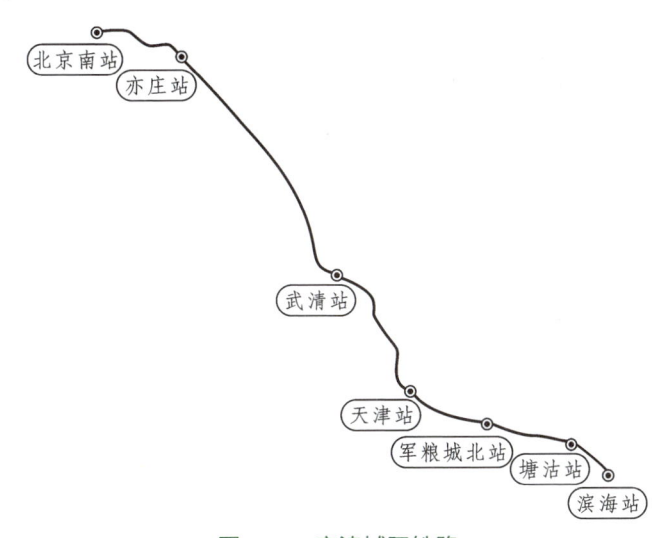

图2.2.4　京津城际铁路

（3）普通动车组列车（D字头），通常采用CRH1、CRH2等系列的动车组担当，旅行速度为200~250 km/h，广泛用于主要城市之间的快速频繁运输。普通动车组列车的速度较高速动车组列车稍慢，停站较多，但乘坐体验相差无几，属于性价比很高的运输产品，广受旅客喜爱。

（4）直达特快旅客列车（Z字头），如图2.2.5所示，最高旅行速度为160 km/h，列车多为全程一站直达，从起点站开始不停车直接行驶到终点站（也有部分列车在途中的高等级车站停靠上下旅客）。直达特快列车是普速列车中速度最快、服务水平最高的成员，起讫点基本为各大省会城市，为了迎合市场需求，常安排为夕发朝至，旅客睡一觉就到达目的地了，它还有着"移动星级酒店"的美誉呢。

了不起的列车运行图

（5）特快旅客列车（T字头），如图2.2.6所示，最高旅行速度为140 km/h，速度较快，停站较少，但与Z字头的列车相比停车次数多。一般全程停靠省会城市、副省级市和少量主要地级市的车站，承担沿线重要大城市间的客流运输。

图2.2.5　直达特快旅客列车

图2.2.6　特快旅客列车

如图2.2.7所示，比较北京至哈尔滨的直达特快旅客列车和特快旅客列车的时刻表可以看出，直达列车中间没有停站，一站直达，而特快旅客列车在途中多次停站。

停靠车站	车次	到点	开点	停时
北京	Z15	--:--	21:21	0分
哈尔滨	Z15	07:36	--:--	0分
停靠车站	车次	到点	开点	停时
北京	T297	--:--	12:28	0分
唐山北	T297	14:27	14:33	6分
山海关	T297	16:12	16:18	6分
锦州	T297	18:15	18:21	6分
沈阳北	T297	20:48	20:59	11分
四平	T297	22:35	22:37	2分
长春	T297	23:39	23:47	8分
哈尔滨	T297	01:57	02:09	12分

图2.2.7　北京—哈尔滨直达特快旅客列车和特快旅客列车的停靠车站

（6）快速旅客列车（K字头），如图2.2.8所示，最高旅行速度为120 km/h，停靠地级市站和县级市站，与高速列车、特快列车等相比，快速旅客列车花费的时间更长，价格更低，承担沿线大城市间的客流运输。

（7）普通旅客快车（1001～5998），如图2.2.9所示，一般来说除了停靠线路上所有地级市和以上级别城市的车站，也停靠不少县级市车站，最高速度为120 km/h。由于途中停车次数较多，其运行速度低于K系列，承担沿线大中城市间的客流运输。

（8）普通旅客列车（6001～7598），如图2.2.10所示，运行速度和服务水平较低，最高速度为100 km/h，票价低廉，几乎每个站都会停车，因此很受普通乘客喜爱。

（9）通勤列车（7601～8998），如图2.2.11所示，通常用于铁路职工和周边居民上下班，属于普通旅客列车。

图2.2.8　快速旅客列车

图2.2.9　普通旅客快车

图2.2.10　普通旅客列车

图2.2.11　通勤列车

（10）临时旅客列车（L字头），一般在春运、暑运、国庆节等客流高峰时段临时增开，停靠县级市以上级别城市的站点，是缓解节假日高峰客流压力的常用列车。

（11）临时旅游列车（Y字头），如图2.2.12所示，主要为旅游客流而开行，也可以是旅行社申请组织成团包车开行的旅游专列，一般往返于名胜古迹、旅游胜地所在站和大中城市间。它的速度较快，通常为160 km/h，停站较少，车体也比较高级，适合有旅游需求和参报旅行团的旅客选择。

图2.2.12　临时旅游列车

（12）在上述多种列车中，有一些"特殊"的列车成员值得进一步了解。

公益性"慢火车"。"慢火车"是一种开行在交通不便的偏远山村或少数民族聚居区，以满足村民出行、赶集、通勤、通学、就医等为目的的公益性旅客列车。目前，国铁集团开行的公益性"慢火车"已覆盖21个省区市，经停530座车站，运送旅客2246万人次。"慢火车"票价低廉，通达性高，广受山区人民喜爱。例如，往返于四川大凉山普雄至攀枝花的5633/5634次列车（见图2.2.13），全程共设27个车站，站站都停，最低票价仅有2元，只需26.5元即可坐满全程。这趟车至今已兢兢业业地跑了53年，但从未涨过价，百姓们都亲切地称呼它为"赶集车"。

国际列车。一提到出国，很多人就会想到飞机，其实坐火车也能出国。国际列车（又称国际联运旅客列车）是指运行路线跨越我国境内及其他国家的列车，分为专运列车和加挂列车。专运列车不运输行程起止都在国内的旅客，只运输跨国的旅客。加挂列车是指在一个国家境内加挂车厢运输行程起止都只在国内的旅客。国际列车上有来自不同国家和地区的旅客，餐食和装饰也颇具特色，适合于有出入境需求或者国外旅游需求的旅客选择，如图2.2.14所示。

图2.2.13　5633/5634次列车

图2.2.14　K3/4次列车

旅客列车的家族成员还在不断增多，必将为旅客出行提供更美好的体验。

第二节　旅客列车开行方案

上一节中，大家了解了为了满足旅客需求，设计有各式各样的旅客列车，那么，这些车是如何被铁路部门选定到列车运行图中？怎么确定开高速列车还是普速列车，开快车还是慢车呢？

这里就不得不提到铁路旅客运输上一个很重要的技术计划——旅客列车开行方案。它确定了旅客列车的运行起终点、开行类型、开行数量和停站方式，也就是说一条线路上的旅客列车怎么开、开多少都是由它说了算。旅客列车开行方案是铺画旅客列车运行图的基础，在开展旅客列车运行图编制工

了不起的列车运行图

作前，需要先确定旅客列车开行方案，让我们一起了解一下吧。

图2.2.15所示为一条铁路线路部分旅客列车开行方案的示意图，从中我们可以看到，这条线路上将开行的列车类型以及每种列车的开行数量、每列列车始发和终到站、列车的停站等。例如，D字头的列车有5列，运行区段是全程，每列车的停站次数都较少，这样可以保证较高的运行速度，停站相互错开，尽量保证车站有足够的列车服务频率。这个开行方案是铁路客运人员调查了该铁路线路沿线的旅客运输市场后，根据该区段的客流市场统计情况（各站间的客流量、旅客出行目的、旅客收入水平等）确定的（见表2.2.1）。每种列车的开行都要符合目标旅客的需求，以具有较好的市场竞争力。想一想，如果铁路开出来的车没有人买票、没有人愿意乘坐，那铁路可要亏损了，因此"按流开车"是旅客列车开行方案编制最重要的原则。客流的调查是编制旅客列车开行方案的基础，但对所有的运输企业来说都是极为重要但难度很大的工作。

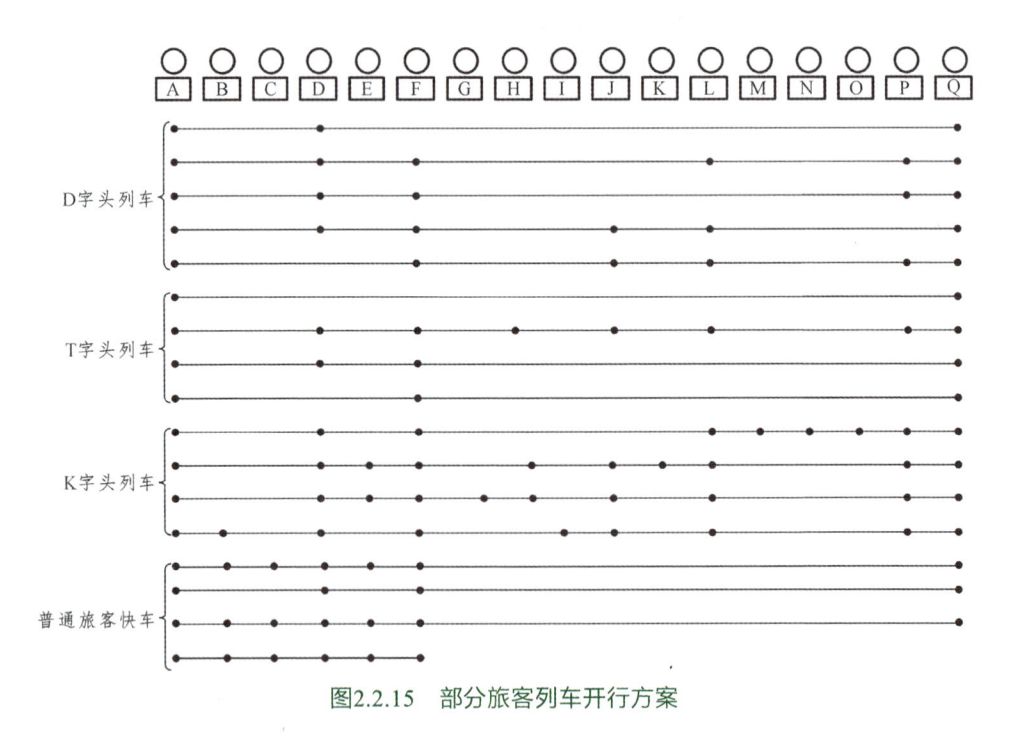

图2.2.15　部分旅客列车开行方案

表2.2.1　面向旅客需求的旅客列车类型

列车种类	面向旅客层次	票价/元			
		硬座	软座	硬卧（下）	软卧（下）
动车组（D）	享受需求层次	213	256	—	—
特快列车（T）	满足需求层次	94	—	175	264
快速列车（K）	经济需求层次	94/80	—	175/151	264/228
普通列车	欠缺需求层次	94～71	—	142～187	219～291

旅客列车开行方案不是一劳永逸的，铁路各客运营销部门会进行市场调查，不断研究客流的变化，分析现行旅客列车开行情况，在下一次编图大会前将提出列车开行方案的调整和优化的建议，报国铁集团审批，成为编图大会中铺画列车运行图的基础，见表2.2.2。

表2.2.2　列车开行方案的调整和优化建议

序号	线路	调整类型	调整内容
1	西银高铁	增加动车组列车高峰线6对	西安北—银川5对、银川—庆阳1对
2	西银高铁	增开动车组列车周末线1对	西安北—银川1对
3	郑太高铁	变区段1对	太原南—北京西G614/1次延长至晋城东

第三节　编制旅客列车运行图

确定了铁路旅客列车开行方案，收集了各种编图资料后，就可以开始铺画铁路旅客列车运行图了。具体铺画时，铁路编图人员通常以线路为单位进行铺画，如果线路太长也可以将线路分为多个区段进行铺画。需要注意的是，如果一条线路跨越了多个铁路局集团公司，则每个铁路局集团公司仅铺画属于自己局管辖内的线路区段，如西成高铁以朝天站、宁强南站为分界点，分别由成都局集团公司和西安局集团公司负责编图工作。国家铁路网规模巨大，为顺利完成列车运行图的铺画工作，形成了一套独特的工作方法，一起了解一下。

一、铁路旅客列车运行图的编图流程

铁路旅客列车运行图的编图工作可分为三大步骤，如图2.2.16所示。

旅客列车运行方案图 → 旅客列车运行详图 → 旅客列车运行图指标计算

图2.2.16　旅客列车运行图编制流程

1. 编制旅客列车运行方案图

在整个铁路列车运行图中，由于旅客列车的优先级高于货物列车，将优先铺画旅客列车运行线，保证旅客列车开行方案的实现。因此，旅客列车运行线在运行图上的布局不仅会影响旅客列车本身的服务水平，也会直接影响后续货物列车运行线铺画的资源条件。

编制旅客列车运行方案图主要解决列车在运行图上的整体布局问题，如考虑旅客旅行是否方便、旅客列车运行线布局是否均衡、旅客列车运行线之间换乘衔接是否合理、是否预留有足够的天窗时间、是否给货物列车运行图的铺画留有空间等，是一个轮廓性的运行图。打个比方，如果将铺画列车运行图比喻成画一幅精致的素描，那旅客列车运行方案图就是勾画草图的阶段。因此，在铺画时，一般使用小时格底图，将列车运行线直接从始发站直线铺画到终到站，只标明列车在主要站（技术站、分界站及较大的客、货运站）的到、发时刻，无须推算中间车站的时刻，这个过程俗称铺画航空线，如图2.2.17所示。

除此之外，在编制旅客列车运行方案图时还要预设天窗的位置。普速铁路维修天窗设置灵活可以采用V形或矩形天窗；高速铁路天窗开设时间较为固定，大多为0点以后的4~6 h，采用矩形天窗。还要注意，协调旅客列车运行方案图上旅客列车运行线分布与机车车辆运用、动车组运用的关系，尽可能地提高机车车辆、动车组的运用效率。

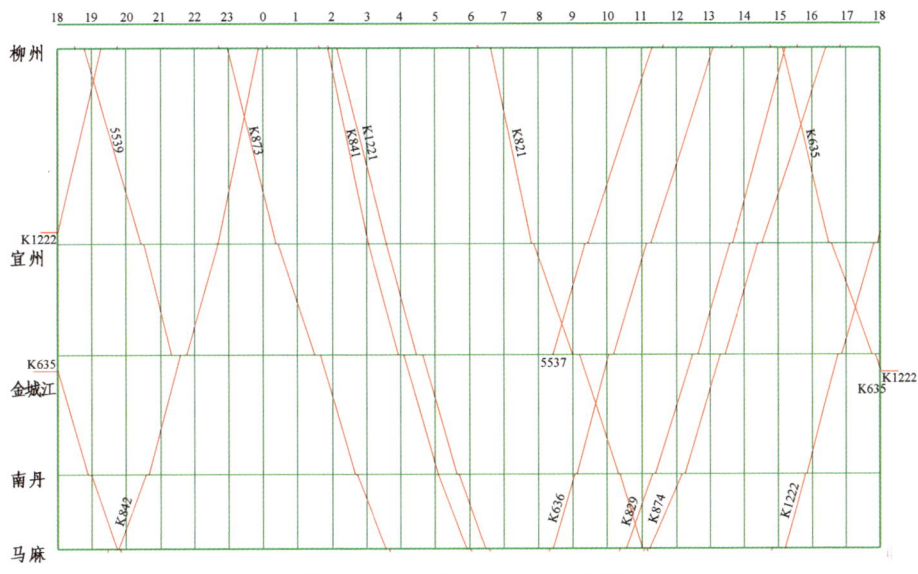

图2.2.17　旅客列车运行方案图

2. 编制旅客列车运行详图

详图，即详细的旅客列车运行图。旅客列车运行详图是以旅客列车方案图为基础，并依据有关资料在二分格图纸上对每一区段精确铺画每一条旅客列车运行线的运行图。为保证行车安全和旅客乘降安全，详图铺画时必须严格按照各种时间标准约束，逐站推算列车的到发、通过时刻点，确定每一趟旅客列车占用区间的顺序，确保列车间进行合理的交会和越行。

由于列车运行方案图只标明了旅客列车在始发、终到、途中大站的重要到发时刻，无中间站的到发时刻，而在编制详图时，因列车会让、越行等原因，列车运行方案图中的一些原定时刻可能要发生变更。此时，应尽量维持原定时刻，不要发生太大的变化，以免打乱列车运行方案图，同时直通列车在分界站的到开时刻尽可能不改变，改变时相邻局需进行协商。最终，旅客列车运行详图上列车的到、发时刻与旅客列车运行方案图比较，一般还是有差异的。图2.2.18是在图2.2.17基础上铺画的详图局部。

了不起的列车运行图

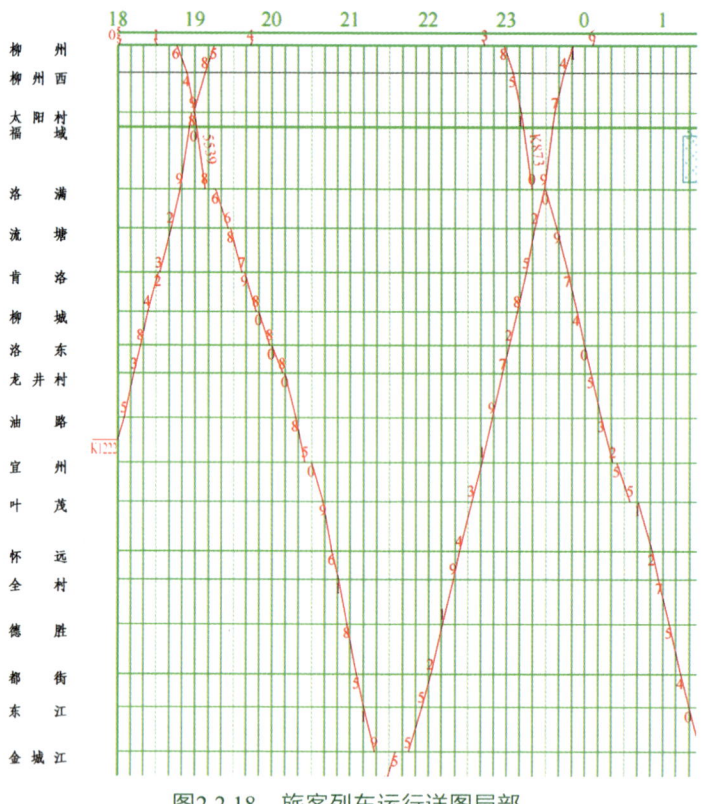

图2.2.18 旅客列车运行详图局部

3. 计算列车运行图指标

在旅客列车运行图编制完毕并经检查无误后，应计算指标，以考核编图质量，包括铁路区间通过能力、列车平均技术速度和旅行速度、机车需要台数等。铁路区间通过能力是指在现行的行车组织方法和现有的运输组织水平的条件下，铁路区段能够允许通过列车的对数。列车平均技术速度，即列车在区段中各区间运行（包括起停车附加时分，不包括在各中间站的停留时间）平均每小时走行的公里数。列车平均旅行速度，则是包括在各中间站停留时间在内的平均每小时走行的公里数。机车需要台数是指为完成规定的牵引任务所使用的机车台数一个区段的机车需要台数，在编制机车周转图后，可以直接查出。指标统计结果如图2.2.19所示。指标是评估列车运行图编制质量（好坏）的重要依据。一般，平均速度越高能力利用率越高，机车台数越少说明编图质量较好。如果指标偏差，就要找原因调整修改列车运行图。

```
旅客列车 列数1622，技术速度126.97，旅行速度112.09，速度系数0.88，总停站次数5742，平均停站次数3.54，总停站时间583.03.14，平均停站时间 0.06.05，Σ
动车组旅客列车 列数960，技术速度198.21，旅行速度181.05，速度系数0.91，总停站次数2259，平均停站次数2.35，总停站时间144.35.23，平均停站时间 0.03
跨局高速动车组 列数518，技术速度215.68，旅行速度194.01，速度系数0.90，总停站次数1609，平均停站次数3.10，总停站时间108.25.52，平均停站时间
管内高速动车组 列数65，技术速度197.46，旅行速度179.73，速度系数0.91，总停站次数178，平均停站次数2.73，总停站时间10.39.58，平均停站时间 0.03.35
城际动车组 列数259，技术速度202.29，旅行速度194.34，速度系数0.96，总停站次数145，平均停站次数0.56，总停站时间 6.24.00，平均停站时间 0.02.38，平
跨局动车组 列数102，技术速度140.53，旅行速度132.83，速度系数0.94，总停站次数264，平均停站次数2.58，总停站时间 14.29.50，平均停站时间 0.03.17，平
管内动车组 列数16，技术速度120.84，旅行速度108.38，速度系数0.89，总停站次数63，平均停站次数3.93，总停站时间 4.35.43，平均停站时间 0.04.22，平均
高峰线动车组 列数57，技术速度188.69，旅行速度170.03，速度系数0.90，总停站次数177，平均停站次数3.10，总停站时间11.33.56，平均停站时间 0.03.55，Σ
跨局旅客高峰线 列数31，技术速度202.68，旅行速度178.60，速度系数0.88，总停站次数123，平均停站次数3.96，总停站时间 8.56.56，平均停站时间 0.04.18，平
管内高速高峰线 列数9，技术速度211.13，旅行速度199.15，速度系数0.94，总停站次数0，平均停站次数0.88，总停站时间 0.33.00，平均停站时间 0.04.07，平
跨局动车高峰线 列数17，技术速度150.68，旅行速度140.92，速度系数0.93，总停站次数46，平均停站次数2.70，总停站时间 2.04.00，平均停站时间 0.02.41，
普通旅客列车 列数581，技术速度84.92，旅行速度73.54，速度系数0.86，总停站次数3169，平均停站次数5.45，总停站时间419.07.15，平均停站时间 0.07.56，
跨局直达特快旅客列车 列数126，技术速度106.22，旅行速度100.47，速度系数0.94，总停站次数270，平均停站次数2.14，总停站时间32.12.00，平均停站时间
```

图2.2.19 列车运行图部分指标统计

二、铁路旅客列车运行图的编图原则和方法

列车运行图是以线路为单位进行铺画的，普速铁路是客货车混跑的线路，高速铁路是全客车运行的线路，两种线路的编图目标不同，因此编制原则和方法有所区别。

1. 普速铁路旅客列车运行图的铺画原则和方法

普速铁路列车整体运行速度相对较低，而且随着高速铁路的发展，普速铁路的服务定位逐步转变为以货运为主、客运为辅，因此铺图旅客列车运行图时要求客货兼顾，保证实现客车开行方案基础上，给货车运行线预留较好的铺画条件。普速铁路旅客列车运行图的铺画原则和方法如图2.2.20所示。

（1）列车铺画顺序。具体铺画时，根据列车开行方案规定的内容，按照"先国际列车、后国内列车，先直通列车、后管内列车"的列车类型，逐一铺画每条旅客列车运行线，同一类型列车中又按照出发时间早的列车优先的原则进行铺画。这里体现了铁路发挥整体优势，优先保证直通车、高等级速度列车的组织原则。

（2）运行线铺画方法。国际旅客列车，从国境站开始，按照各国联运旅客列车时刻表会议决定的时刻向国内车站铺画。国内旅客列车，一般按照列车开行方案的要求，从列车始发站开始，向终到站顺序铺画。若终到站能力紧张，也可从终到站开始铺画，反推出沿途各站及始发站的开车时刻。有时为了某站的列车接续、会让等需要，也可从列车运行区段的中间部分开始铺画。

（3）方便旅客原则。为方便旅客出行，一般旅客列车在大城市的始发和到达时刻最好在7:00—23:00，短途旅客列车以白天运行为宜。各方向列车在换乘车站的到发时刻应该相互衔接，方便铁路旅客的中转换乘。

（4）会让和越行原则。遵守低速列车待避或待会高速列车，短途列车待避或待会长途列车的原则，同时注意选择具备会车越行设备条件的地点。尽可能缩短不必要的停站时间和停站次数，提高旅客列车整体运行速度。

列车铺画顺序
先国际、后国内，先直通、后管内
同类型列车出发时间早先铺画

运行线铺画方法
国际列车，从国境站开始铺画
国内列车，从始发站开始顺向铺画
从能力紧张的终到站或中间站铺画

会让和越行原则
低速列车待避或待会高速列车
短途列车待避或待会长途列车

方便旅客原则
长途旅客列车始发和到达时刻最好在7:00—23:00
短途旅客列车以白天运行为主
换乘时间协调性

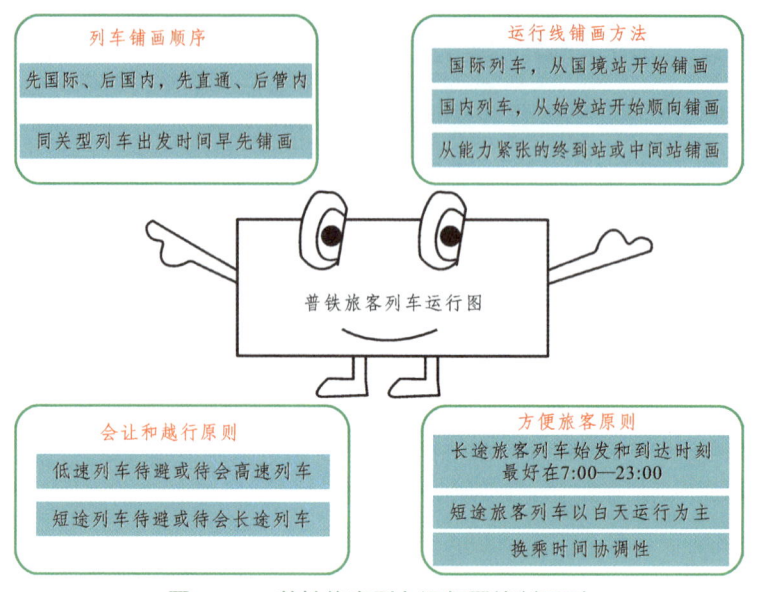

图2.2.20　普铁旅客列车运行图编制原则

2. 高速铁路旅客列车运行图铺画原则和方法

目前，我国高速铁路上仅开行动车组列车，列车运行速度较高。高速铁路旅客列车方案图中仅铺画各种速度等级的动车组旅客列车运行线，主要分为200～250 km/h、300～350 km/h两个速度等级的列车。铺图的主要目标是方便旅客出行、提高旅客服务质量、保障优质的列车运行秩序。高速铁路旅客列车运行图的铺画原则和方法如图2.2.21所示。

（1）列车铺画顺序。按列车等级高低顺序铺画，同等级列车按出发时刻顺序铺画。我国铁路上根据列车等级，将高速铁路上所有铺画列车按照速度划分为不同等级，速度越快，等级越高。优先铺画高速度等级列车，即先铺画速度300 km/h以上的列车，再铺画速度200 km/h以上的列车。为了能有效利用长距离列车铺画完后所形成的时间空档以便将短距离旅客列车铺画在其内，应当先铺画长距离旅客列车，后铺画短距离旅客列车。

（2）列车越行原则。高铁线路上按照列车起终点是否都在该线路范围内，可分为本线列车和跨线列车。应先编制跨线高速列车运行线，后编制本线高速列车运行线。高速铁路高等级跨线列车可越行低等级跨线列车，跨线高速列车应尽量减少对本线高速列车的影响。

（3）提高列车速度原则。旅行速度是列车运行图的重要指标，对于高速铁路要求更高，旅客对缩短旅行时间的期望较高，因此，在高速铁路上的旅行速度至少不低于既有线。在一定技术条件下，列车旅行速度与停站次数和停站时间有关。为保证低等级跨线列车的旅行速度，必须尽可能减少高等级列车越行低等级跨线列车的次数，且尽可能使越行与客运停站相结合。

（4）提高运行图弹性原则。为保证高速铁路列车的高正点率，列车运行图必须要有足够的应变能力，即具有高度的弹性，列车运行线间要预留一定的冗余时间，以减少个别列车晚点的影响；或者设置一定数量的备用运行线，让晚点列车按就近的备用线运行。备用运行线应均衡铺画在列车运行图的各个时间段，备用运行线一般应设较多的停站，以备灵活运用。

列车铺画顺序
- 按列车等级高低顺序铺画
- 先跨线、后本线，先长途，后短途
- 同等级列车按出发时刻先后铺画

提高列车速度原则
- 减少越行引起的停站次数
- 尽可能使越行与客运停站相结合

越行原则
- 低速列车待避高速列车
- 低等级列车待避高等级列车

提高运行图弹性
- 设置一定的冗余时间
- 设置一定数量的备用运行线

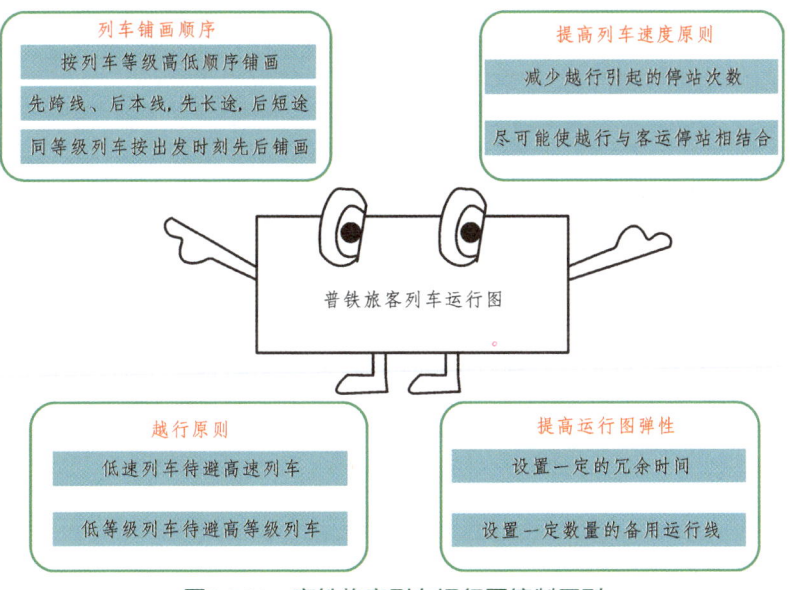

图2.2.21 高铁旅客列车运行图编制原则

比较普速列车运行图（见图2.2.22）与高速列车运行图（见图2.2.23）可以发现，普速列车旅客运行图车数较疏，因为要安排货物列车运行线，所以需要为货物列车预留空间。而高速铁路旅客列车运行图仅开行旅客列车，除天窗时间外，全图铺满了不同等级的旅客列车运行线，其中的蓝色线条表示跨线旅客列车。

了不起的列车运行图

图2.2.22　普速铁路旅客列车运行图

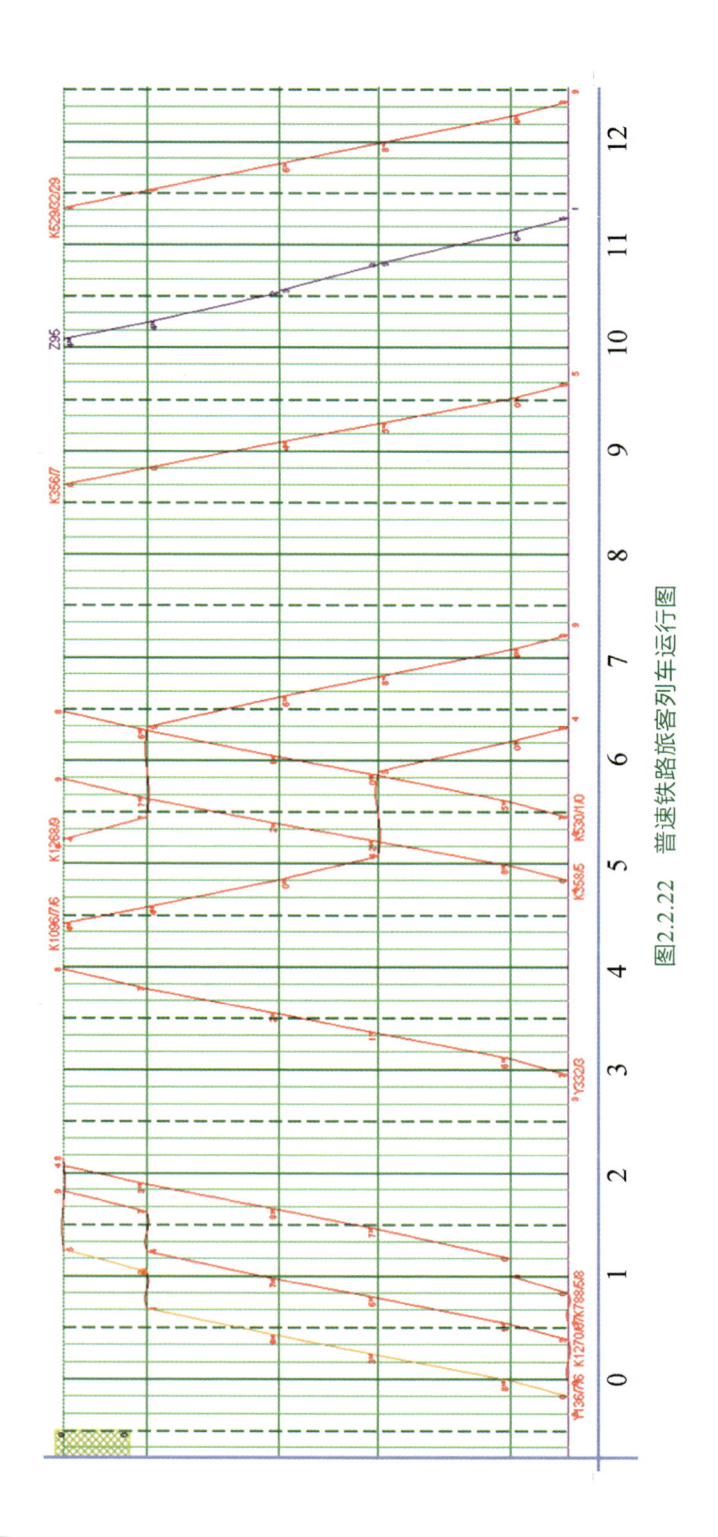

图2.2.23 高速铁路旅客列车运行图

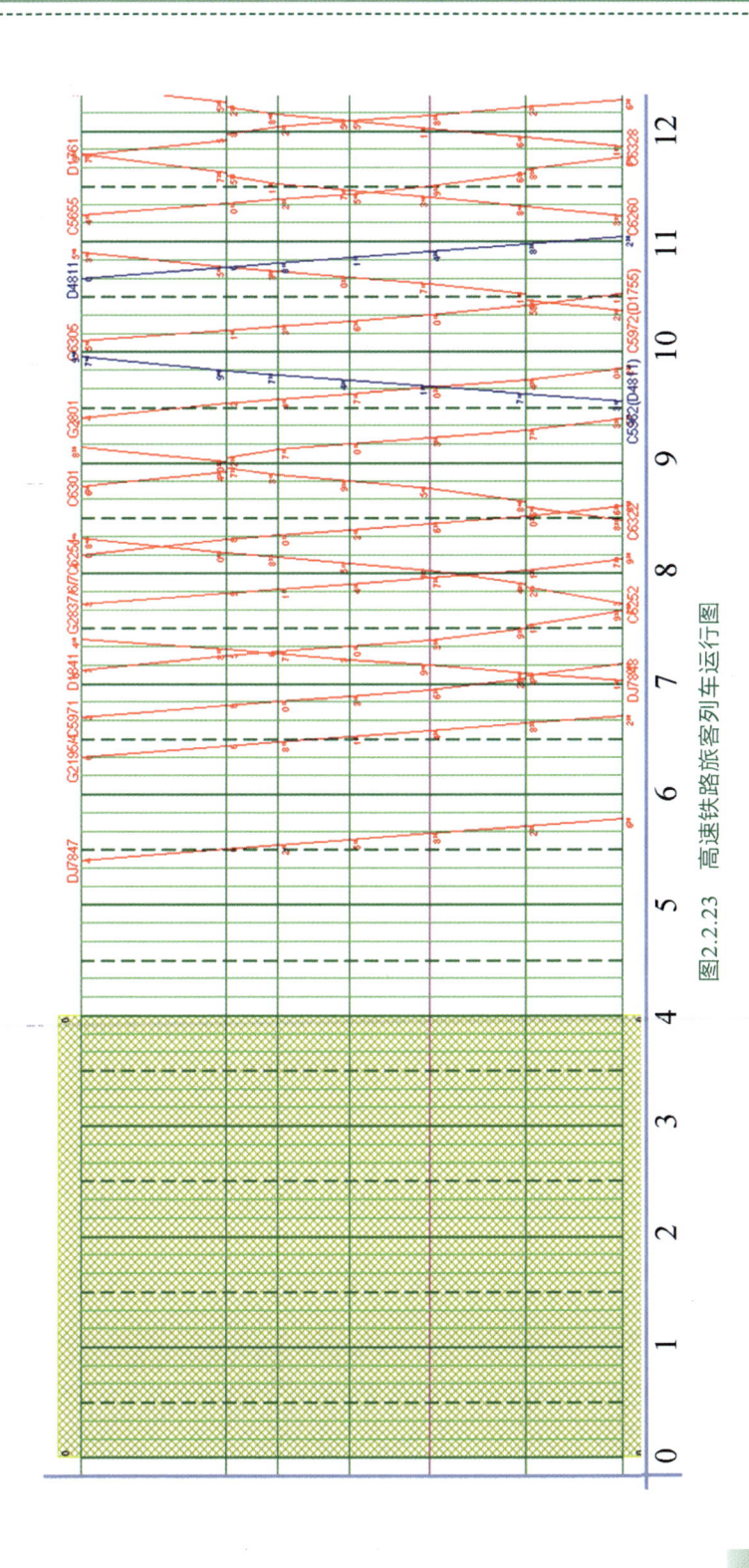

三、客车机车周转图、客车车底周转图、动车交路图

通过前面的编图，只能保证铺画的列车运行线满足铁路线网能力的要求。但如果没有足够数量的机车、车辆、动车组来承担运输任务，这些列车运行线也不能保证都能开行起来。因此，为了保证列车运行图的最终可行性，需要通过编制客车机车周转图、客车车底周转图、动车交路图，为每一条列车运行线匹配上一个机车、客车车底（旅客列车除机车外，客车车辆连挂成组，其在每次运行图实行期间基本都不发生变化，因此称为固定车底）或动车组，确保列车运行图的可实施性。这些图分别由机务部门、客运部门等工作人员来编制。

图2.2.24～图2.2.26分别是客车机车周转图、客车车底周转图、动车交路图。仔细观察一下，它们的构图元素很像，都是在列车运行图的基础上勾画了很多列车运行线间的接续线。由接续线按时间先后顺序连接在一起的多个车次，就构成了一个交路，表示该交路上的所有车次由一个机车、车底或动车组来担当。列车运行图被勾画了多少个交路，就意味着需要安排多少个机车、车底或动车组担当工作。

机车、车底和动车组的造价都很高昂（例如，一列8编组速度250 km/h的普通动车组造价约1.3亿/列），完成同样的列车运行图，所运用的机车、车底和动车组数量越少越好，以降低购置这些设备的成本。因此，客车机车周转图、客车车底周转图、动车交路图的编图目标就是用尽可能少的机车、客车车底和动车组来完成运行图上的所有车次运行任务。

这些图和列车运行图是互相结合编制的，如果编制过程中，发现客车机车、客车车底、动车组不够用或者在站的接续时间不足，需要反馈给列车运行图的编图人员，调整列车运行图。

四、提升旅客列车运行图的服务质量

旅客列车是专门为旅客服务的，铁路部门编制旅客列车运行图时，始终在保证列车运行安全的基础上，围绕旅客的感受和需求做出面面俱到的方案选择（见图2.2.27），以提升服务质量，表现为：

第二章 面面俱到的旅客列车运行图

图2.2.24 客车机车周转图

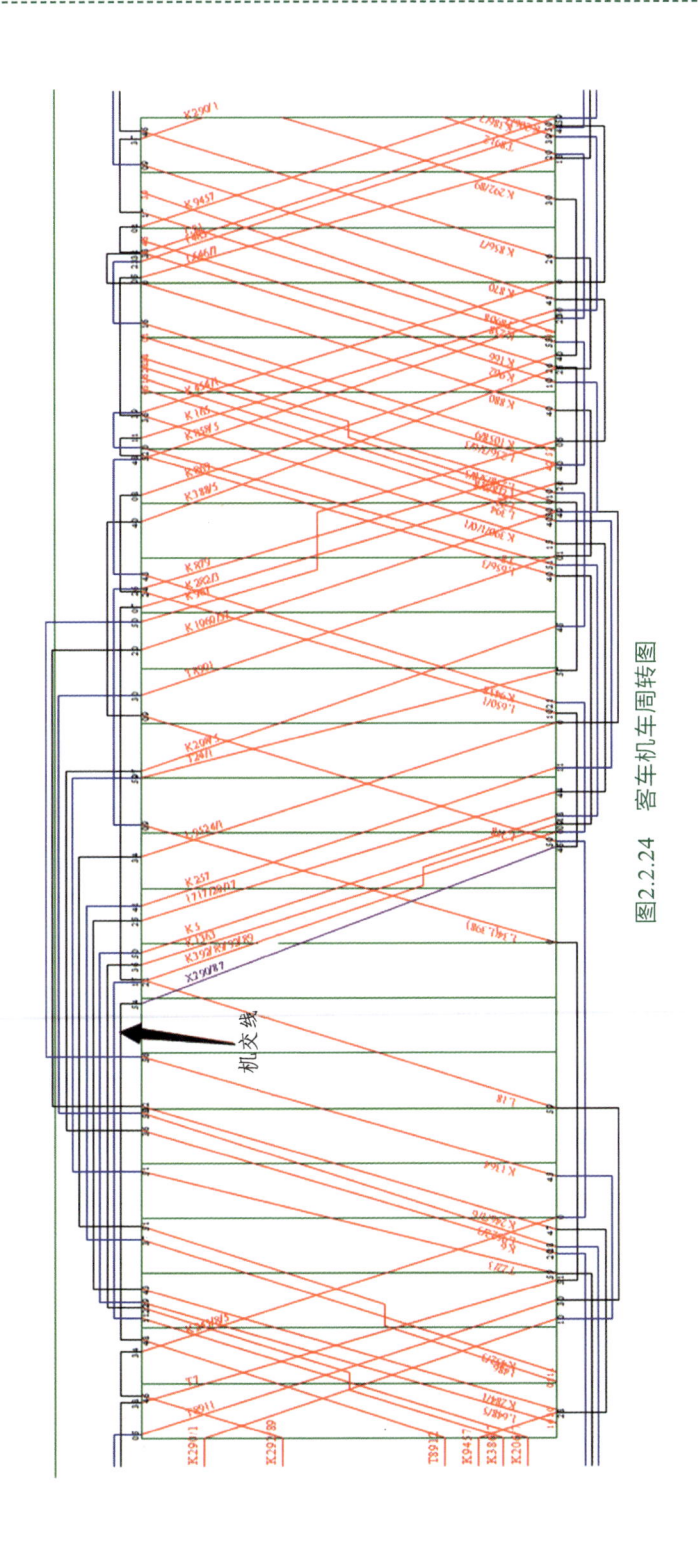

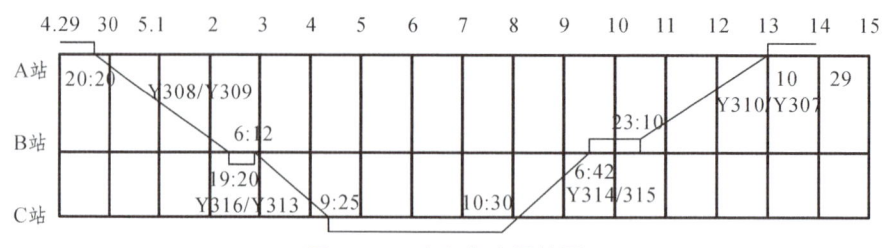

图2.2.25 客车车底周转图

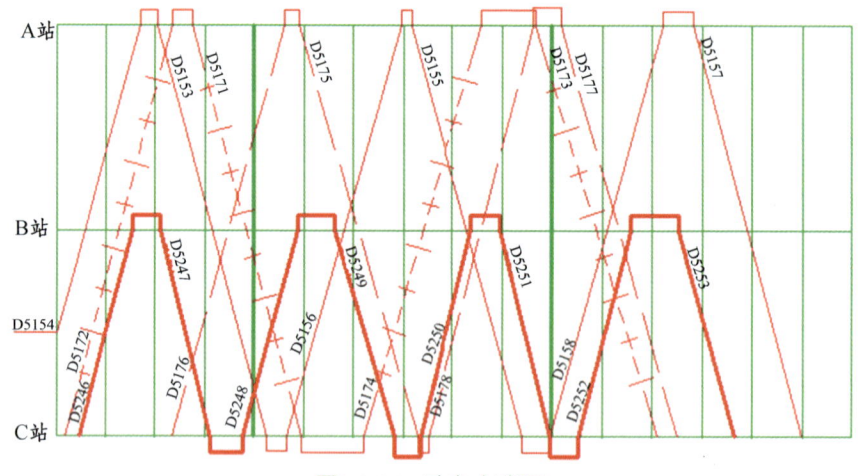

图2.2.26 动车交路图

（1）缩短旅客旅行时间。尽量压缩列车运行时间，增加高铁、动车组等快速列车的比例，减少计划外停站，缩短旅客整体旅行时间。

（2）提高旅客出行便利性。加大列车开行密度和停站频次，扩大车站间的通达性，提高旅客出行的通达性，使旅行更加便利。

（3）提升旅客换乘效率。优化列车开行时点，考虑与城市轨道系统和公交系统的时刻衔接，让不同车次间以及与其他交通工具间的换乘更方便，提高旅客出行的无缝衔接性。

（4）改善旅客乘车体验。合理选择列车始发和终到时间范围，为积极发展"夕发朝至""朝发夕至""精品动卧"等优质优价列车创造条件，改善车厢设施、提供更多的服务项目，提高旅客旅行的舒适度。

第二章　面面俱到的旅客列车运行图

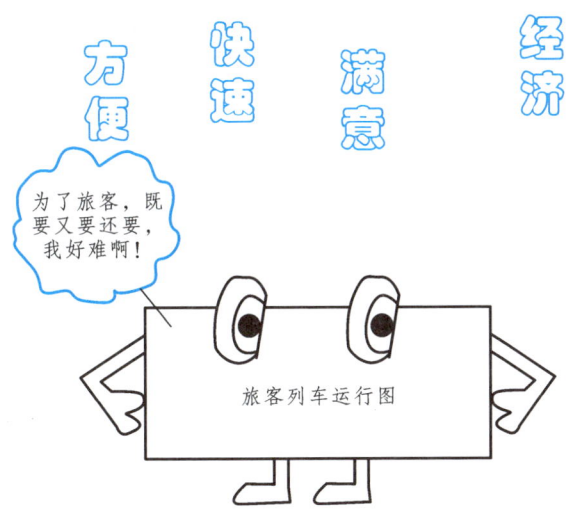

图2.2.27　面面俱到的旅客列车运行图

要做到上面各个方面，很不容易，而且会直接影响铁路企业的利益，需要进行反复的考量和决策。例如，高铁线路开行夜间动卧列车，可以让旅客节省旅行时间和住宿费用，晚上充分休息，第二天就可以元气满满地工作或游玩，但是占用了高铁线路的夜间天窗时间，给高铁线路的维修、维护工作带来了压力和一定的安全隐患，如何平衡旅客的需要和高铁线路的安全，需要做出合理的方案。

可以看出，每一次为了编制一张让旅客满意的列车运行图，铁路工作人员都在全力以赴，从各种可行的方案中比选出最合适的方案，铺画的每一条列车运行线、决策的每一个列车时刻点都倾注了铁路工作人员的智慧和热忱，真的很了不起啊！

第三章 速度！货物列车运行图

第一节 货物列车快还是慢？

大家知道铁路上一般用列车运送的都是什么货物吗？第一反应肯定是煤、炭、钢铁，但是还有很多你意想不到的东西也是靠铁路进行运输的，如表2.3.1所示，铁路上还可以运输盐、农副产品、鲜活货物甚至医药品等。在救灾时期，铁路货运就用其强大的运输能力为前线的医护人员和群众送去抗灾物资和民生物资，保障了生活和医疗补给，提供后备支持。

表2.3.1 铁路运输货物种类

代码	品类	代码	品类	代码	品类
01	煤	10	木材	19	农业机具
02	石油	11	粮食	20	鲜活货物
03	焦炭	12	棉花	21	农副产品
04	金色矿石	13	化肥及农药	22	饮食品及烟草制品
05	钢铁及有色金属	14	盐	23	纺织品、皮革、毛皮及其制品
06	非金属矿石	15	化工品	24	纸及文教用品
07	磷矿石	16	金属制品	25	医药品
08	矿物性建筑材料	17	工业机械	99	其他货物
09	水泥	18	电子、电气机械		

一、基本概念

来自四面八方的各种货物，铁路运输是怎么组织运送的呢？别着急，先让我们了解几个基本概念。

1. 解体、编组

货物装上货车车辆后,将所有车辆的车钩相互连挂,就可以组成一列货物列车。铁路上,把有目的地编排车辆的前后秩序,并将其连挂成组的过程称为编组,如图2.3.1所示。将连挂在一起的车列分解开的过程叫作解体,如图2.3.2所示。

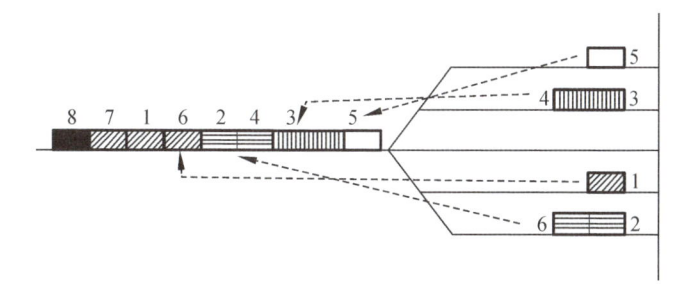

图2.3.1 列车编组

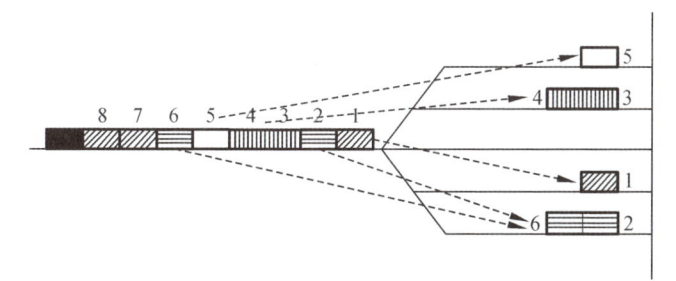

图2.3.2 列车解体

2. 货运站

铁路上,专门办理货物装卸作业的车站称为货运站。其中,办理货物装车的货运站叫作装车站,办理货物卸车的货运站叫作卸车站,货物装卸车作业都办理的货运站叫作装卸站。装车站就是货物的始发站,卸车站就是货物的终到站。图2.3.3展示了正在进行集装箱装卸作业的货运站。

图2.3.3 货运站集装箱装卸作业

3. 编组站、区段站

编组站和区段站合称为技术站。编组站（见图2.3.4）是铁路网多条线路交汇的枢纽，是大量货车车流集散和列车解编的场所，常有"列车工厂"之称。在货运站装卸了货物的货车都可以集结到编组站按照一定的规则编组成列车在路网上运行。编组站为了进行高效的解体、编组作业需要配置若干含有众多到发线和调车线的车场，因此占地面积巨大。

图2.3.4 编组站

普速客货列车都是靠机车带动运行的，机车也就是俗称的火车头。列车的一趟行程往往需要多个机车接力开行，列车中途更换机车的车站就是区段站。区段站主要任务就是为列车更换机车，或更换货运机车及乘务员，同时，办理少量的列车编解作业和客货运业务。线路区段一般就是以区段站为分界点。

二、货物列车组织方式

清楚了上面的基本概念，一起来了解一下货物列车的组织方式吧！

一般情况下，货运站根据货物的性质安排合适的车辆进行装车，如石油等液体用罐车装运、矿石用敞车装运。装满货物的货车被称为重车，停在货运站的装卸线上，等待组织成列车向目的地运送。

根据货车的情况，可以有两种方式来组织列车。

第一种，如果装车站规模较大，装满货物的车辆数量很多，而且都是同一个目的地，则可以编组成一列列车，直接挂上机车后，开往目的地相关的卸车站，这就是直达列车，如大型的钢铁厂、矿产场地、港口都可以开行这种列车。如图2.3.5所示，路网上装车站A有去卸车站A的货车40辆，则可以直接在两个站之间开一列车，列车在运输途中不发生任何解体和编组作业。也可以待附近多个装车站的车一起编组成开往同一目的地的直达列车。

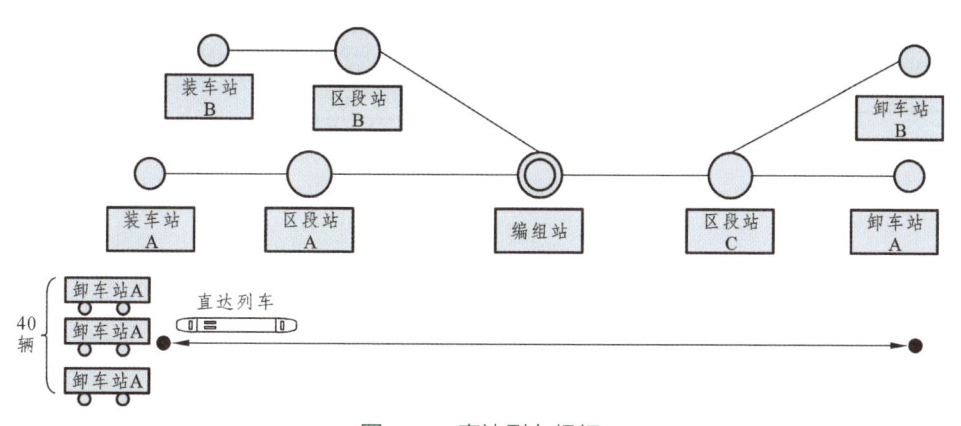

图2.3.5 直达列车组织

第二种，如果装车站规模较小，装货的车辆较少，设备也很简单且没有专门的机车，这时相邻的区段站会发出摘挂列车来该装车站，连挂装好的货车，开往邻近的区段站。在区段站，摘挂列车"解体"，解体后的货车与到达该区段装车站的其他车流一起编组，形成一列货物去向相同的区段列车，开往另一个技术站（一般是编组站），在编组站与汇聚到编组站的其他货物列车一起"解体"，再按一定的原则，将同一去向的货车车辆重新"编组"为新的货物列车，发往目的编组站中转或直达卸车站。如图2.3.6所示，装车站A的货车数量较少而且其装运货物的目的地分别是卸车站A 和卸车站B，则先连挂到摘挂列车中运行至区段站A，然后在区段站A与装车站B的车流一起编组成一列区段列车，开行到编组站A。编组站A对所有汇集的车流进行重新编组，将所有去卸车站A和卸车站B的车流编组在一个列车中，开行直通列车到达编组站B后，又依次编组区段列车、摘挂列车送到卸车站A。

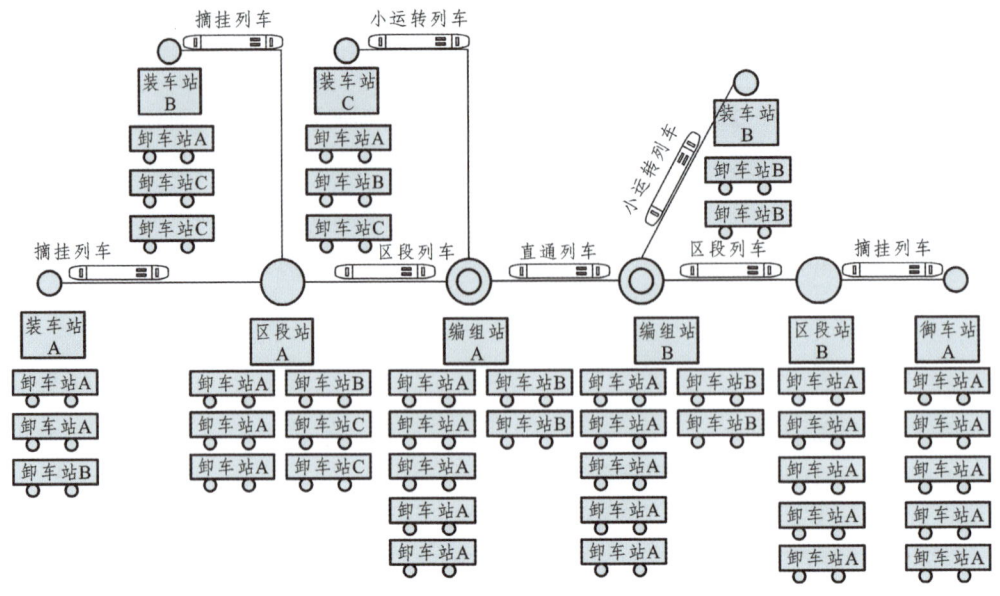

图2.3.6 有解编作业的列车组织

相比之下，第一种组织方式下，列车运行速度快，解编环节少，但是对于货源组织要求较高，如果货源不充足，则需要等待很长时间列车才能集结成一列，货物在站停留时间很长，不能快速运送货物、加速车辆周转。第二种组织方式，解体编组环节较多，更为费时费力，但是对于铁路企业来说，可以将零星车流逐步汇集（一般由摘挂列车输送），并按车流去向的远近分别编入适当的列车（技术直达列车、直通列车和区段列车等），逐步转送到卸车站，长短途列车结合开行，可以较好地平衡运输效率和能力，但是必须尽量减少车辆的改编和中转次数，否则也影响货车运输速度。铁路会根据情况综合使用两种组织方式。

三、货运列车家族

前文中提到了直达、直通、小运转、区段、摘挂等多种货运列车，它们是按照编组地点、编组方式、运行距离和运输性质不同来分类的，如图2.3.7所示。人们对货物列车平时接触少，因此感觉不像旅客列车家族那么显眼，但货物列车也是一个庞大的家族，它们都是由运送货物的车辆组成的。

（1）直达货物列车（10001～19998，82001～87998）：在装车站或技术站编组，通过一个及其以上编组站不进行编组作业的列车。

（2）直通货物列车（20001～29998）：在技术站编组，通过一个及其以上区段站不进行编组作业的列车。与直达列车不同之处在于，列车只通过区段站，而不通过编组站。

（3）区段货物列车（30001～39998）：在技术站编组，到达相邻区段站或编组站，在区段内不进行编组作业的列车。该列车的运行距离就是一个区段。

（4）摘挂货物列车（40001～44998）：为区段内中间站服务的列车，在邻接区段内的车站（中间站）进行少量多次摘挂作业，特点是一趟列车摘挂的车辆数量少。

（5）小运转货物列车（45001～49998）：通常为铁路枢纽内编组站与周边货运站之间灵活开行的列车，开行距离短，甚至可以用调车机车作为牵引动力。

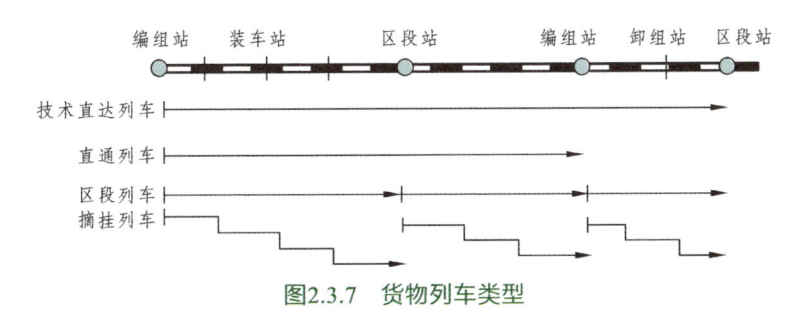

图2.3.7　货物列车类型

直达、直通列车都是长距离运行的货物列车，区段列车和摘挂列车的运行距离仅在一个区段内，是短距离运行的货物列车。这些货物列车在列车运行图上对应的运行线如图2.3.8所示。

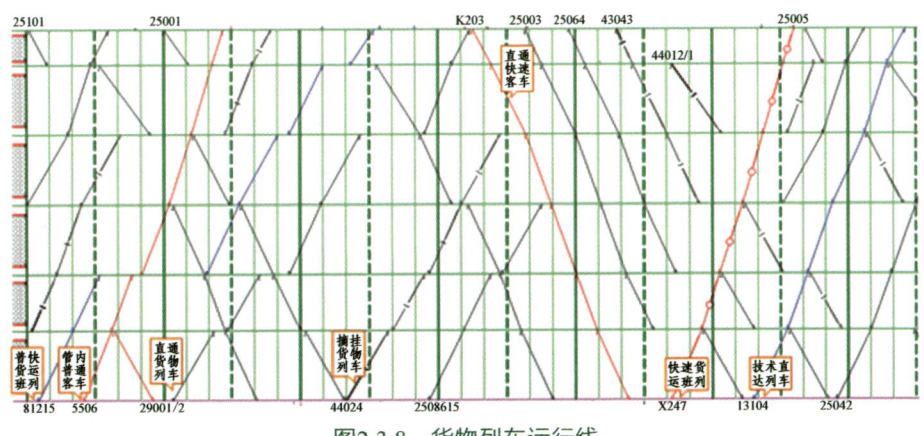

图2.3.8　货物列车运行线

四、铁路货运占有率不高的原因

我国铁路货运有较为完善的运作体系，但是在全国货运市场的占比不高，货运业绩远没有客运亮眼，有人说是因为铁路货车太慢了，这是怎么回事呢？为什么不能像高铁那样快？

的确，很多数据表明，铁路货运全国占有率不高。2021年，铁路货物总发送量仅占全国货运的9%，虽然相比2017年的6.2%有所提升，但与公路的每年货运占比始终高达70%以上相比，还是偏低。这主要有以下几个方面的影响因素：

（1）组织环节多，在站停时长，货物平均送达速度低。目前，我国铁路货物列车主要运行在普速铁路上，虽然不像高速铁路的旅客列车速度能上200 km/h，但运行速度也可达80～120 km/h，开展全天候运行，每昼夜行程也可达几百千米，是一种较高速度的运输方式。但是传统的货物列车组织模式下，普通的货车车辆从始发站到终到站，经过多次车辆编组、到站装卸等环节，使得货物列车很多时候不在运行状态，在装卸站、技术站停留时间长，造成了全程运输速度的降低。此外，普速铁路上客货列车混行，客运优先，因此一趟货运列车可能在途中需要等待几小时会让和待避多列旅客列车，这也会耽误货运列车的运行时间。因此货车在站停时过多，货物总体运送速度较慢。

（2）运到期限不稳定，送达准时率不高。铁路运输运到期限是指货物从始发到终到的预期时间，对于货主来说是一个很重要的指标。因为货物运到期限的确定意味着货主制订生产计划和销售计划的准确性，能够更好地控制库存和减少资金占用。但是，由于铁路日常货流集结存在不稳定性，以及本来计划好的车流组织各环节（装卸、中转、解编等）无法做到完全准时，导致货物列车不能完全按照列车运行图的时刻点行车，一直依赖调度人员的日常组织行车，因此不能保证运到期限，送达准时率不高。

（3）长期以来铁路货运在煤、石油、粮食等大宗货物运输上有明显优势。但随着我国产业结构的不断调整和社会经济的发展，小批量、多批次、重量轻、高附加值的小件快运货物的运量不断增加。依托铁路的"网络"，铁路货运只能提供"站到站"的服务，无法直接开展"门到门"运输，"最后一公里"必须借助公路接驳，不适应小件快运货物的快捷运输需求，也直接影响了市场份额。

五、快运货物班列的开行

为提高货物运输速度和时效性，铁路方面也做出积极的努力，在原有的普通货物列车基础上组织开行了一系列的快运货物班列，取得了很好的效果。

快运货物班列是指有固定的发站、到站，固定的列车车次和运行线，明确的开行周期和运行时刻，按客车化模式组织开行的货物列车。铁路部门根据社会需求确定列车装卸站，选择最佳路径，按照客车化组织方式编制列车运行图，从装车站到卸车站全程紧密衔接，努力确保快捷、及时运输货物。按照速度的不同分为3种：特快班列、快速班列和普快班列。

（1）特快班列（X1～X199）使用25T等专用车辆编组，最高运行速度160 km/h，按每日行程不低于2500 km的标准铺画运行图。

（2）快速班列（X201～X2998、X8001～X9998）使用专用符合技术标准的货车编组，最高运行速度120 km/h，按每日行程不低于1500 km的标准铺画运行图，包括中欧班列、快速货物班列、多式联运快速班列等。

（3）普快班列指使用普通货车编组，按普通货车标尺运行，按每日行程不低于1000 km的标准铺画运行图，包括中亚班列、普快货物班列、多式联运普快班列、大宗直达货物列车等。

为更好服务和支撑共建"一带一路"高质量发展，稳定国际物流供应链，开行了中欧中亚班列、西部陆海新通道班列、中老铁路跨境货物班列、铁水联运集装箱班列等特色班列。铁路快运班列能更好地满足高附加值货物运输的需求，因此有较好的市场竞争力。很多快运货物班列信息可以从铁路官方网站95306查到，并根据需要直接在官网上预订服务，如图2.3.9所示。现在，铁路快运货物服务能力和范围还在进一步扩大。

了不起的列车运行图

车次	装车站	发局	到局	卸车站	开行周期	班列类型
X8608	平湖南,下元,常平,石龙	广铁集团	上海局	闵行	1天/列	多式联运班列
x8081	团结村,鱼嘴	成都局	乌鲁木齐局	阿拉山口境	3天/列	中欧班列
x8096/5	都拉营	成都局	乌鲁木齐局	阿拉山口境	7天/列	中欧班列
X9131/2/1	王家营西	昆明局	昆明局	磨憨(境)	7天/列	中亚班列
X9578/7/8	钦州港,钦州港东	南宁局	成都局	团结村	1天/列	普快货运班列
X9638/7	北仑港,穿山港	上海局	武汉局	驻马店	2天/列	多式联运班列
X8801	无锡西	上海局	广州局	大朗,广州国际港	1天/列	多式联运班列
X8804	大朗,东莞东	广州局	上海局	无锡西	1天/列	多式联运班列
X8607	平湖南,下元,常平,石龙	广州局	上海局	闵行	1天/列	多式联运班列
X8074/3	义乌西,苏州西,尧化门,铜山,金华南,合肥北	上海局	哈尔滨局	满洲里(境)	1天/列	中欧班列

图2.3.9 铁路官方网站95306上的班列信息

第二节 货物列车运行图的编制

大家知道,我国普速铁路是客货车混行的,根据客车优先的原则,货物列车运行图是在旅客列车运行图铺画完成后进行的。而旅客列车运行图和货物列车运行图的编制有各自不同的特点。其中一个就是,旅客列车运行有合理时间范围的约束,为了方便旅客出行、提高上座率,一般0:00—7:00的夜间不安排旅客列车的始发、终到,行车量也很少,而货物列车可以全天候安排行车。注意观察图2.3.10,货物列车运行线(蓝色和黑色运行线)密度很高,而且基本占满了所有的线路空间。

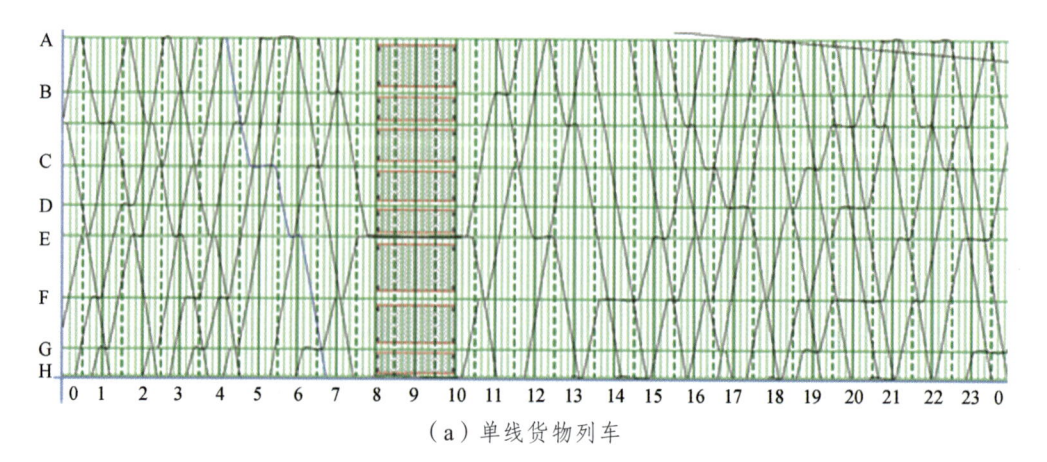

(a)单线货物列车

(b）双线货物列车

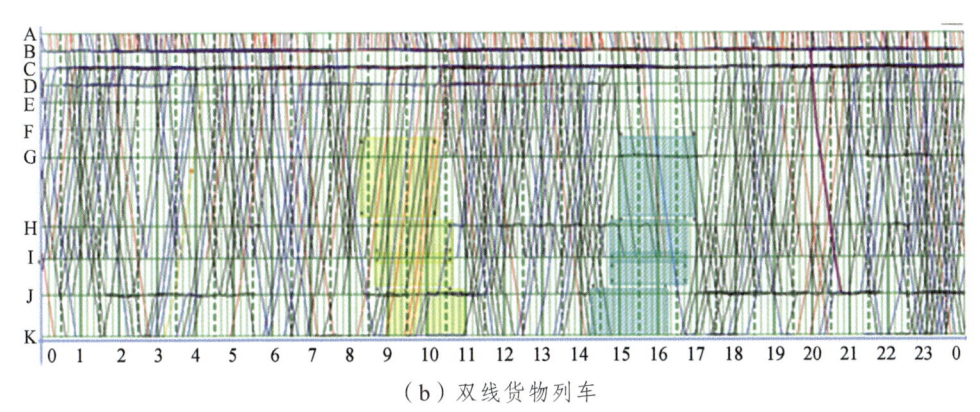

图2.3.10　货物列车运行图详图

为了提高市场竞争力，货物列车必须尽量提高货物送达速度、满足货物运量需求。为此，铺画货物列车运行图的目标为：尽量充分利用线路通过能力，提高货物列车开行对数，缩短货物列车旅行时间，且货物机车的使用数量最少。

一、货物列车编组计划

铺画货物列车运行图之前，也需要确定货物列车开行方案。与旅客列车开行方案不同，货物列车开行方案除了考虑货物的性质、运输需求、车流来源和去向，还必须按照"货物列车编组计划"的要求进行确定。"货物列车编组计划"是全路统一安排的车流组织计划，它具体规定了路网上所有车流在哪些车站编成列车，编组哪些种类的列车，以及这些列车到达哪些车站进行装卸和解编作业，具体的编挂办法等，是编制列车运行图的依据，也是加强货运营销工作的重要手段。表2.3.2列出了甲站编组计划的部分内容，如第1行表示甲站与乙站之间应定期开行直达列车，货车的到站应该是乙站以及乙站以远方向的车站（"以远"简单来说就是线路上比某站更远的车站）。

表2.3.2　甲站编组计划的部分内容（示例）

发站	到站	编组内容	列车种类	定期车次
甲	乙	乙及其以远	直达	21001、21015
	丙	丙及其以远	直通	21003~21011
甲	丙	1. 丁—丙间到站成组； 2. 丙及其以远	摘挂	41035~41037

095

二、铁路货物列车运行图的编制原则及方法

货物列车运行图的铺画也分两步,先编制货物列车方案图,然后再编制货物列车详图,如图2.3.11所示。

列车铺画顺序
- 货物班列、直达列车、区段列车、摘挂列车、小运转列车
- 货物班列与旅客列车同步编制

运行线铺画方法
- 推算普通货物列车发车时间
- 从某一局分界站向两端延伸铺画
- 从始发站开始顺向铺画
- 从能力紧张的终到站或中间站反向铺画

货物列车运行图

会让和越行原则
- 货物列车待避或待会旅客列车
- 低等级货车待避或待会高等级货车

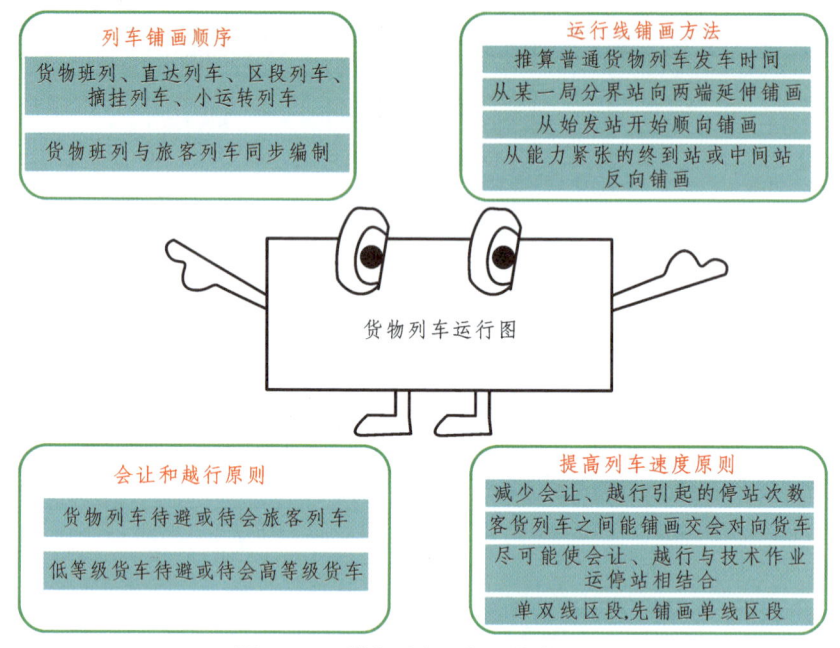

提高列车速度原则
- 减少会让、越行引起的停站次数
- 客货列车之间能铺画交会对向货车
- 尽可能使会让、越行与技术作业运停站相结合
- 单双线区段,先铺画单线区段

图2.3.11　货物列车运行图编制原则

1. 列车铺画顺序

一般的铺画顺序为货物班列—直达列车—区段列车—摘挂列车—小运转列车。

(1)货物班列的等级较高,在旅客列车运行图铺画阶段,与旅客列车同步编制,但是根据速度等级不同,编制的先后顺序也不同。速度为160 km/h的快速班列与直通旅客列车同步编制,速度为120 km/h的快速班列在直通普速旅客列车之后编制,速度在120 km/h以下的快速班列在速度为120 km/h的快速班列之后、普通货物列车之前编制。

(2)在运行图上利用旅客列车和快速货物班列间的空隙开行的速度不超过90 km/h的技术直达、直通、区段、摘挂等货物列车统称为普通货物列

车。直通普通货物列车由国铁集团协调相关铁路局集团公司一起编制。管内普通货物列车由所属铁路局集团公司全权自主安排。

（3）普通货物列车中优先铺画直达列车，再依次铺画直通和区段列车，最后结合其他货物列车一起铺画摘挂列车。摘挂列车一般列数少，运行区段短，所以采取"见缝插针"的方式，等所有列车都编完后，再在空闲的地方增加摘挂列车运行线。

2. 货车运行线铺画方法

（1）普通货物列车的发车时间不定，需要推算。为尽量做到货物运行线排列均衡，可按货物列车数量和全日可利用的时间，计算相邻列车的平均间隔时间，然后以某一直达列车运行线为准，逐一确定每列列车在技术站的发车时刻。遇有旅客列车运行线时，列车间隔时间可以适当调整，但尽量不在旅客快车之前较短时间内安排货物列车运行线，以减少列车待避次数，提高旅行速度。如图2.3.12所示，蓝色箭头表示初步确定的货物列车发车时间，它根据旅客列车间可利用的时间进行了平均推算。

（2）具体铺画时，可以由始发站一端，顺序铺画货物列车运行线，也可以从中间最繁忙区段开始向两端铺画运行线。如果是直通货物列车，也可以从某一局的分界站向两端延伸铺画。

3. 会让和越行原则

为保证旅客和行车安全，遵守货物列车待避或待会旅客列车，低等级货物列车待避或待会高等级货物列车的原则。尽量让快运货物列车和直达列车等列车先行，其他列车避让，以保证其接续行驶，提高这些列车的直通速度。

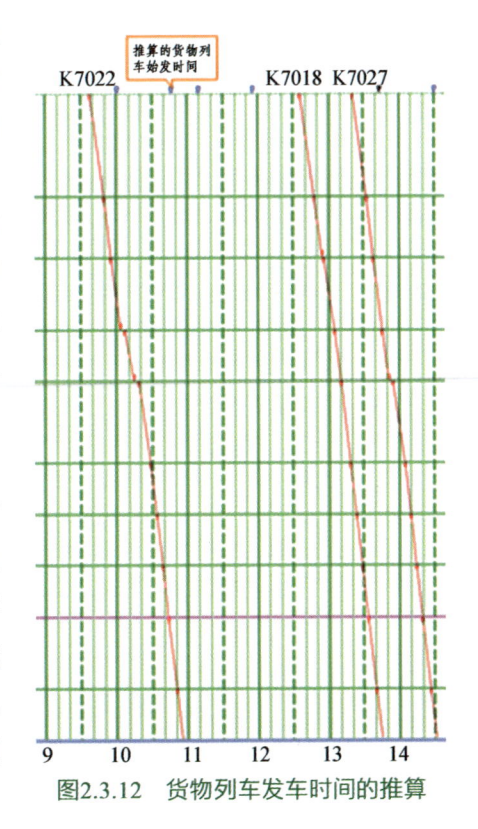

图2.3.12 货物列车发车时间的推算

4. 努力提高货物列车旅行速度

铁路货物运输能力和速度的提升对于助推我国经济发展有重要的意义，同时也是铁路运输提高市场竞争力的重要途径。除了不断更新技术装备，如单线铁路升级为双线铁路、提升货运机车的牵引力和货车车辆的载重量，在铺画货物列车运行图时，尽量减少停站次数和停站时间也是提高旅行速度的重要方法，如图2.3.13所示。具体做法如下：

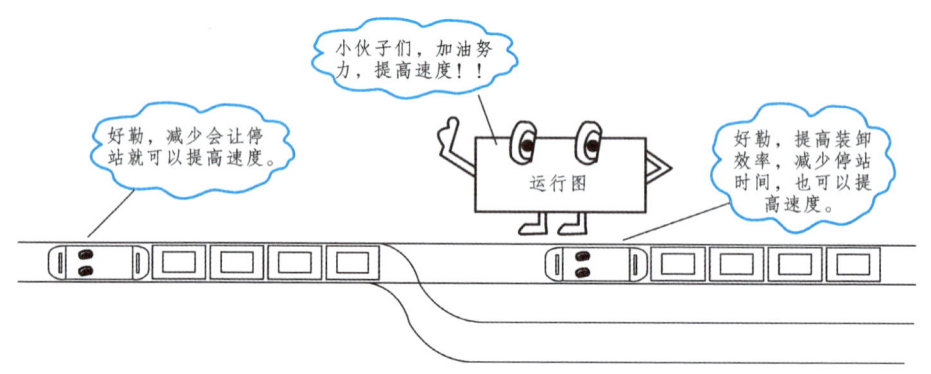

图2.3.13 提高货物列车旅行速度的方法

（1）单线区段，在旅客列车之前的货物列车，避免在中间站又会又让。如图2.3.14（a）所示，T85次列车前的货物列车20001次，又会又让T85和20004，停站时间过长，属于不合理的铺画方法，图2.3.14（b）就比较合理。

(a) 不合理的铺画方法　　(b) 合理的铺画方法

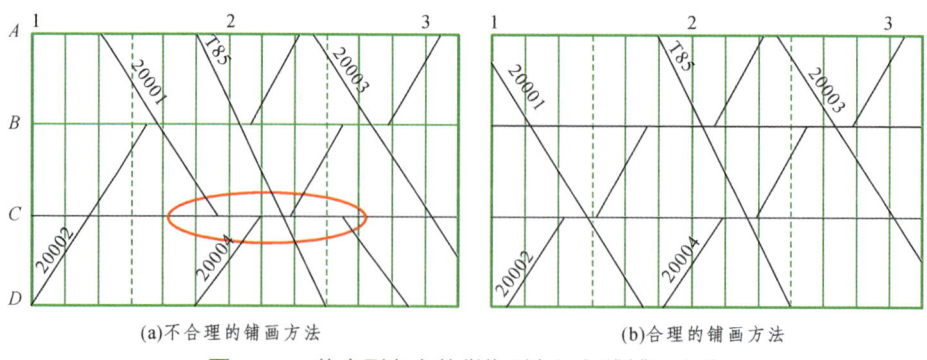

图2.3.14 旅客列车之前货物列车运行线铺画方法

（2）单线区段，在旅客列车之后的货物列车与客车之间，应保持能铺画交会对向列车的间隔，以减少会车停站时间。如图2.3.15（a）所示，T28

次列车与其后的20006次列车间没有足够的间隔交会20001次列车，20001次列车停站时间过长，属于不合理的铺画方法，图2.3.15（b）就比较合理。

(a)不合理的铺画方法　　　　　　　(b)合理的铺画方法

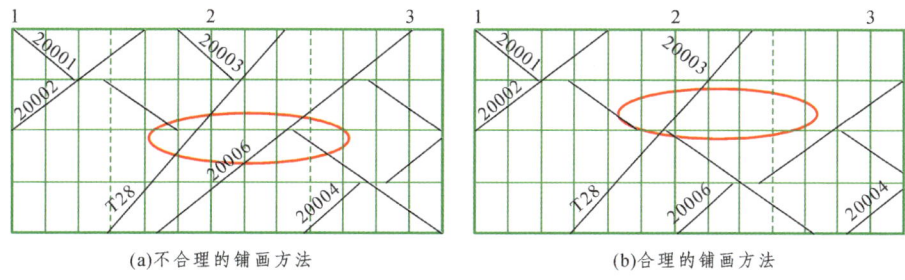

图2.3.15　旅客列车之后货物列车运行线铺画方法

（3）当在区段内不可避免发生会让或越行时，尽可能将会让或越行地点安排在货物列车需要停站的车站上，这样在避让高等级列车的同时，货车列车可完成既定的在站技术作业，可以有效利用停站时间。也可以安排会让或越行地点在两相邻区间运行时分最小的车站上，减少会让或越行时间。如图2.3.16所示，20003次待避K2次的停站时间比20001次待避K1次的停站时间短，因为相邻区间运行时分少。

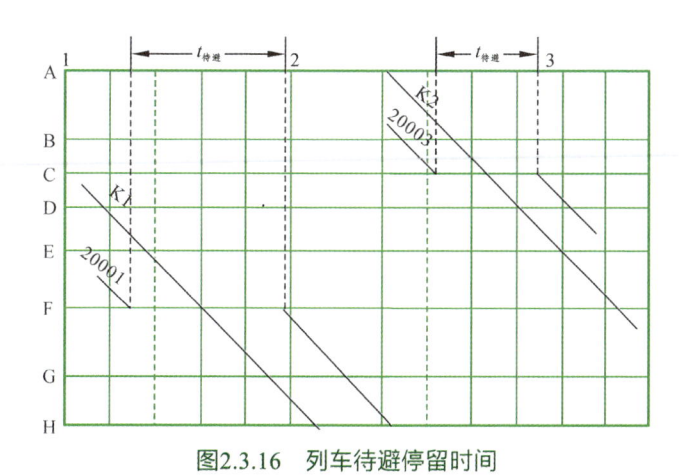

图2.3.16　列车待避停留时间

（4）在单双线区段，可从困难的单线区间开始铺画列车运行线，尽量使列车的在双线区间交会。这是因为双线区段通过能力比单线区段通过能力强，如果从双线区段开始铺画运行线，可能推算到单线区段时，就没有足够的空隙了。

三、编制货物列车机车周转图

所有货物列车运行线安排完毕，应勾画货物机车周转图，确定机车使用数量，如图2.3.17所示。

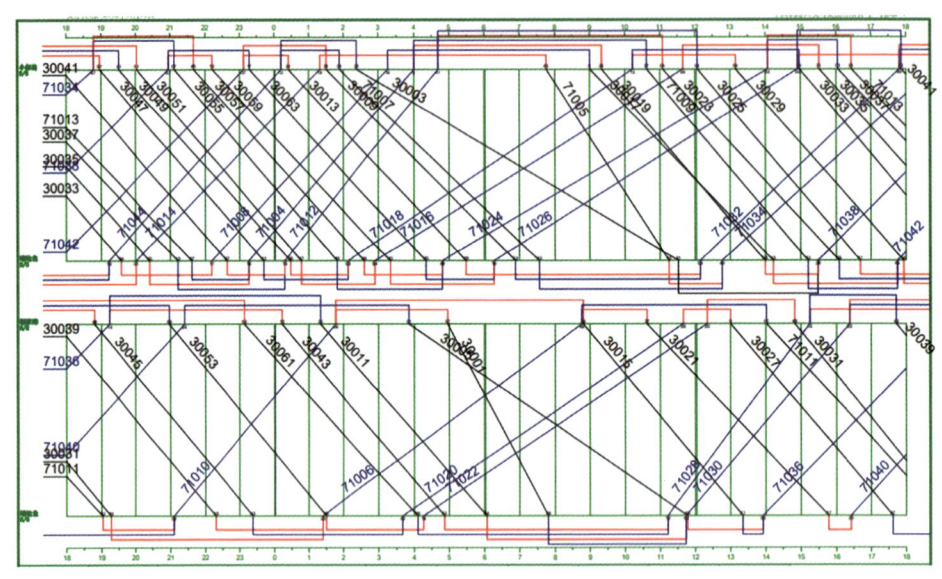

图2.3.17　货物列车机车周转图

四、车站股道图解检算

由于每个车站拥有的股道数（到发线数）有限，一段时间内只能容纳有限的列车，一旦接车达到饱和，其他列车就必须等待股道清空才能进站作业。在铺画运行图之后，在运量大的区段上，应对区段站、编组站、主要客运站和货运站的股道占用情况进行图解检算，保证车站能不间断地接发列车。当某些车站无法按照列车运行图要求接发车时，需要反馈并修改列车运行图，以保证列车运行图的顺利实行。如图2.3.18所示，车站有3个股道可以接发列车，但是列车运行图安排了9列车到达这个车站，虚线表示的3列车明显已无法接入，因为股道已经占满了。因此需要修改列车运行图，减少或者推迟这些列车在车站的到达。

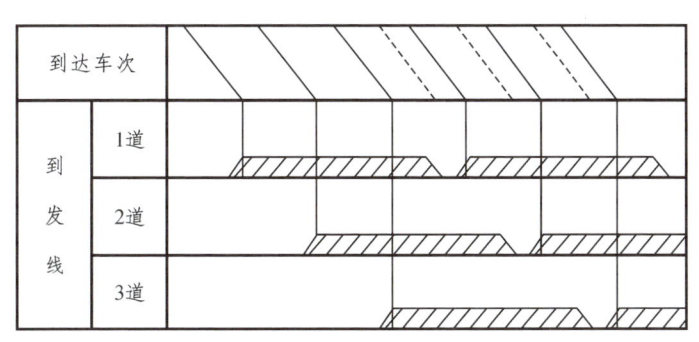

图2.3.18　车站股道图解检算

　　铁路货运近年来面临较大的挑战，为了更好地提升大宗货物的服务水平，适应快捷货物时效性的需求，不断地优化调整铁路货物列车运行图，科学地调配铁路货物运力资源，是极其重要的措施和手段，每一次的编图工作都在不断地自我超越，真的很了不起啊！

第四章　奔向未来的铁路列车运行图

第一节　计算机编制列车运行图

在很长一段时间内，铁路系统都采用手工编图。人工编图速度慢、时间长、难度大。随着信息技术的发展，从20世纪50年代开始，国内外逐步开展了计算机编制列车运行图的技术研究，并应用到实际运输生产中，取得了很大的成果。

一、国外计算机编制列车运行图发展情况

苏联从20世纪50年代末开始对计算机编制列车运行图的模型和模式进行了试验和改进，后来采用人机对话的方式，主要着眼于运输生产上的实用性，在计算机给定初始方案的基础上进行人机对话调整，从而节约了编图时间。

日本从1960年开始研究计算机编制列车运行图。1964年，利用计算机编制了具有实用价值的列车运行时刻表，节省了劳力和时间。1973年，利用计算机编制了多条线路的列车运行图，效率显著。随着研究深入，引入专家系统技术并在1991年后的实际工作中得到了应用。

美国从20世纪50年代末开始进行应用计算机编制列车运行图的研究，主要采用计算机模拟方法和逻辑判断方法，美国GRS公司开发了多个版本的列车运行模拟程序。

英国从20世纪60年代以来进行运行图编制自动化方面的研究工作。1965年，英国借助计算机模拟列车运行的程序，首先在较短的区段上进行模拟，后来发展到30个车站，300个信号机的单线自动闭塞区段上进行模拟。从1971年开始，英国广泛采用列车运行图编制与绘制系统。

此外，荷兰、德国、比利时、罗马尼亚、加拿大等国也先后进行了计算机编图的研究与试验，在不同程度上取得了成果。

目前，许多国家的列车运行图编制系统在智能化、系统化、精细化方面有进一步发展。如德国铁路基于车站进路描述和列车牵引计算进行列车运行图的编制，并采用了GIS（Geographic Information System，地理信息系统）技术，操作方便，可视化程度高。日本建立了集列车运行计划、动车组交路计划、车辆分配计划编制等，于一体的COSMOS系统，用于新干线高速铁路运营调度。国外列车运行图编制系统经多年发展，智能化、集成化、精细化程度较高。

二、国内计算机编制列车运行图发展情况

我国铁路从20世纪60年代开始研究计算机编制列车运行图。中国铁道科学研究院、哈尔滨铁路局、西南交通大学、北京交通大学、兰州交通大学等众多科研机构和高等院校都先后进行了大量的研究工作。由从力求最优化目标出发建立计算机自动编图系统，到从力求实用、确保编图质量的目标出发建立智能辅助决策与人机交互相结合的编图系统；从单机编制局部区域的列车运行图，到基于计算机联网群体协同编制全路列车运行图，逐步探索出了一条适合我国铁路路情的计算机编图研究发展之路。

1997年铁路第一次提速编图，铁道部采用西南交通大学与济南、北京、上海铁路局联合开发的计算机编图软件进行了计算机编制京沪线列车运行图的试点工作。2000年，以铁路局为背景的列车运行图编制系统的研究，取得显著进展，多个铁路局已在实际编图工作中完全采用了计算机编图，取代了传统的手工作业编图方式。2003年，在铁道部运输局的组织和参与下，西南交通大学研究开发了计算编制全路直通客车运行方案图系统，实现了基于计算机局域网编制全路直通客车方案二分格图。2005年，研究开发了全路旅客列车运行图系统，实现了基于计算机局域网编制全路旅客列车运行图。2009年，研究开发了基于铁路广域网的支持异地联网编图的全路列车运行图编制系统3.0版，构建了全国铁路列车运行图编制协同工作平台，实现了基于全路网列车运行图的统一管理。2014年至今，全路列车运行图编制系统在3.0的基础上升级为4.0版本（见图2.4.1），实现了基于64位的技术升级，突破了3.0版内存容量限制的瓶颈。2023年4月3日，中国铁路列车运行图技术中心（简称"运行图中心"）揭牌活动在中国铁道科学研究院集团有限公司举行，标志着铁路列车运行图的信息技术研究进入了新的阶段。

了不起的列车运行图

图2.4.1 列车运行图编制系统界面

总体而言，从我国铁路列车运行图编制系统研究发展的进程来看，大致可以划分为以下几个阶段（见图2.4.2）。

阶段1：着重于有针对性地解决具体的研究对象，根据不同路局不同区段的特点研究解决带有鲜明个性化的具体问题，如仅研究京沪线这一具体线路的计算机编图工作。

阶段2：致力于研究系统的通用性和适应性，力图通过一个系统去解决不同区段、不同线路的问题。

阶段3：建立一个对于单线和双线、自动闭塞和半自动闭塞都是有效的，对于全路而言都是通用的、功能较完善的、行之有效的以铁路局为整体的计算机编图软件系统，提高了编图效率。

阶段4：从构建全国路网编图技术手段的目标出发，重点研究建立全路旅客列车运行图编制系统，为实现全路旅客列车运行图的优化编制创造条件，提高我国铁路列车运行图的编制质量和效率。

阶段5：构建全路列车运行图编制的技术手段，研究建立支持异地联网编图的全路列车运行图编制系统。研究重点是全路计算机编图的网络化、精细化、智能化及系统化技术，实现列车运行图及其相关业务计划编制的一体化，建立面向铁路内部的列车运行图综合管理信息系统，实现基于计算机网络的列车运行图基础信息收集、管理、查询和综合决策支持，为实现铁路列车运行图编制和管理的集中化、统一化、快捷化提供技术支撑。

阶段6：实现基于全路网的计算机自动优化编图，大幅度提高系统的自动化程度和编图效率，大幅度提高列车运行图管理的信息化程度。

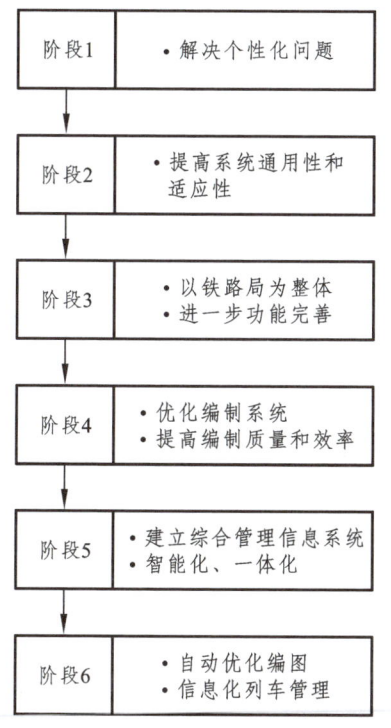

```
┌─────────┬──────────────────────┐
│ 阶段1   │ • 解决个性化问题      │
└─────────┴──────────────────────┘
              ↓
┌─────────┬──────────────────────┐
│ 阶段2   │ • 提高系统通用性和    │
│         │   适应性             │
└─────────┴──────────────────────┘
              ↓
┌─────────┬──────────────────────┐
│ 阶段3   │ • 以铁路局为整体      │
│         │ • 进一步功能完善      │
└─────────┴──────────────────────┘
              ↓
┌─────────┬──────────────────────┐
│ 阶段4   │ • 优化编制系统        │
│         │ • 提高编制质量和效率  │
└─────────┴──────────────────────┘
              ↓
┌─────────┬──────────────────────┐
│ 阶段5   │ • 建立综合管理信息系统│
│         │ • 智能化、一体化      │
└─────────┴──────────────────────┘
              ↓
┌─────────┬──────────────────────┐
│ 阶段6   │ • 自动优化编图        │
│         │ • 信息化列车管理      │
└─────────┴──────────────────────┘
```

图2.4.2　列车运行图编制系统发展阶段

目前，国内的计算机编图系统研究正处于第5阶段，但随着经济社会的发展以及计算机技术和通信技术的不断更新，铁路需要不断提升对市场变化的适应能力，列车运行图编制周期也呈逐渐缩短的趋势。因此，第6阶段的基于全路网的计算机自动优化编图就显得尤为关键，也是今后我国运行图系统研究发展的主要方向。

第二节　各具特色的铁路列车运行图

一、一日一图

高速铁路客流以通道流、区段流为主，呈现出明显的季节性、波动性、时段性特点。为充分利用运力资源、适应客流变化，铁路部门根据客流规律按年度分季节编制高速铁路日常图、周末图、高峰图等。在此基础上，2018年铁路部门提出了高速铁路旅客列车运营实施"一日一图"的决定。"图"指的是列车运行图，"一日一图"就是根据每日客流的精准预测，适时增减高铁线路上列车开行数量，一天一调整，实施每日不同的列车运行图，精准投入运能。为适应"一日一图"的需求，需按高峰日客流编制基本列车运行图，并分别确定日常线、周末线及高峰线，日常线原则上是每日开行的列车，周末线为周末期间增开的列车，高峰线为节假日增开行列车。如图2.4.3所示的列车运行图中，红色的是日常线、蓝色的是高峰线、黑色的是周末线。

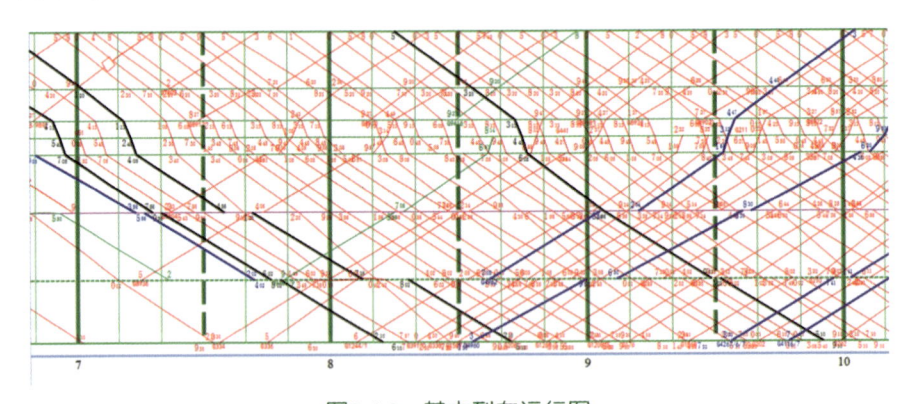

图2.4.3　基本列车运行图

二、规格化高铁运行图

规格化高铁列车运行图（也称周期化运行图），是指在运输能力合理负荷下以单元时间为单位，循环重复铺画的饱和高铁列车运行图。例如，以1 h为单元时间，列车运行图1 h内的列车种类、数量及停站地点和时间基本相同。规格化列车运行图开行列车密度大，开行时刻、停站方案在各时段内相对固定，规律性的运输组织方便旅客记忆及出行，充分发挥了高速铁路快捷、舒适、方便的优点，已被欧洲和日本高速铁路广泛应用。

如图2.4.4所示，日本东海道新干线7:00到18:00这段时间内，基本都符合以一小时为一个单元时间，规格化程度很高。运行三种类型的列车，速度超特快的"光"号列车每小时发行2列，速度特快的"希望"号全程列车每小时开行8列，速度较慢的"回声"号列车每小时发行2列。由于列车速度等级不同，在运行过程中"回声"号待避"希望"号和"光"号，服务质量较低、票价较低。图2.4.5展示了日本东海道新干线部分区段的全日规格化运行图。

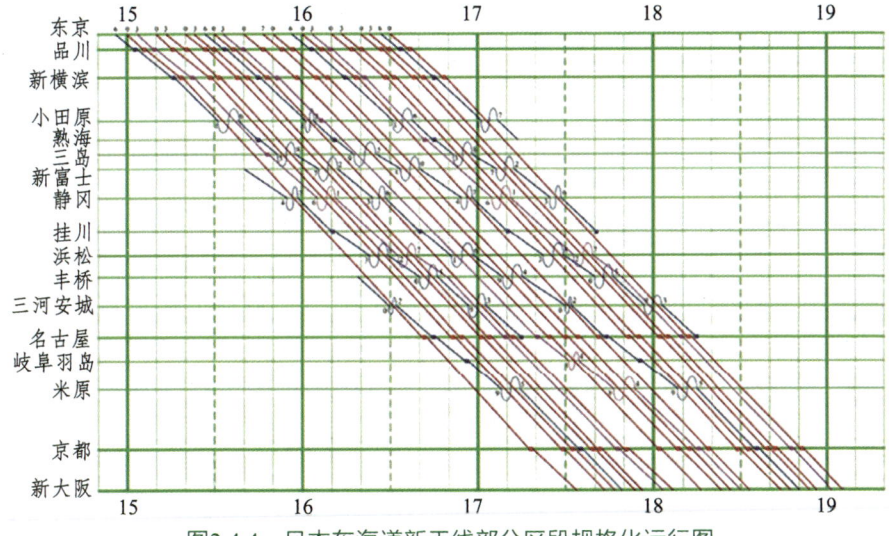

图2.4.4 日本东海道新干线部分区段规格化运行图

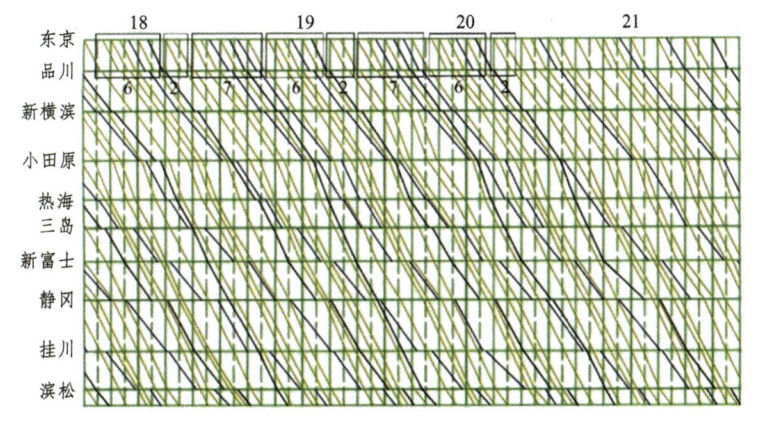

图2.4.5 日本东海道新干线部分区段平日图

如表2.4.1所示，荷兰海牙HS车站每小时的列车时刻表都是相同，这也是规格化列车运行图规律性的体现。列车时刻表只需要展示各个方向的列车到发频率和每小时的到、发时刻的分钟数即可，无须把全天的列车时刻表展示出来，非常方便旅客记忆。

表2.4.1 荷兰海牙HS车站列车时刻表（每小时）

车次	方向	频率	往南				往北			
			到达时刻	出发时刻	停站时间/min	停靠站台	到达时刻	出发时刻	停站时间/min	停靠站台
AR 5000	莱顿⟷鹿特丹	2	12 42	14 44	2	3	18 48	20 50	2	5
AR 5100	海牙中心⟷鹿特丹	2	00 30	03 33	3	3	29 59	30 00	1	5
IR 2200	莱顿⟷鹿特丹	2	28 58	29 59	1	4	05 35	06 36	1	6
IC 1900	海牙中心⟷鹿特丹	1	24	25	1	3	07	08	1	5
IC 2100	莱顿⟷鹿特丹	1	45	46	1	4	17	18	1	6
IC 2400	莱顿⟷鹿特丹	1	15	16	1	4	47	48	1	6
IC 2500	海牙中心⟷鹿特丹	1	54	55	1	3	37	38	1	5
INT 600	莱顿⟷鹿特丹	1	04	06	2	4	58	59	1	6
HST 9300	莱顿⟷鹿特丹	1	34	36	2	4	28	30	2	6

三、节能铁路列车运行图

我国铁路网规模巨大，2020年统计铁路能源消耗折算标准煤已经达到1634.77万吨，比2019年增加10.57万吨，列车大量开行带来的能源消耗问题不容小觑。随着国家对能源消耗的重视，铁路上也提倡研究铁路列车节能减排方案。针对列车运行图编制的节能优化一般有两种策略：一是优化列车的区间运行时间和停站方案，在满足安全追踪间隔时间与区间总运行时分不变的条件下，以列车总牵引能耗最小为目标进行编图；二是在有条件时，也可通过增大对再生制动能的利用来节能，即调整同一供电区间相邻列车运行线的时间，使得相邻列车间牵引-制动工况重叠时间增多，提高再生制动能利用率。

如图2.4.6所示，红色投影代表列车D1的牵引工况时间，绿色投影代表列车D2的制动工况时间，由于两部分并未交叠，故列车D2产生的再生制动能量没有得到有效利用。而在图2.4.7中，横轴方向上的红绿投影存在交叠，即列车D2产生的再生制动能量被列车D1牵引使用。因此，按图2.4.7开行列车比图2.4.6节能。

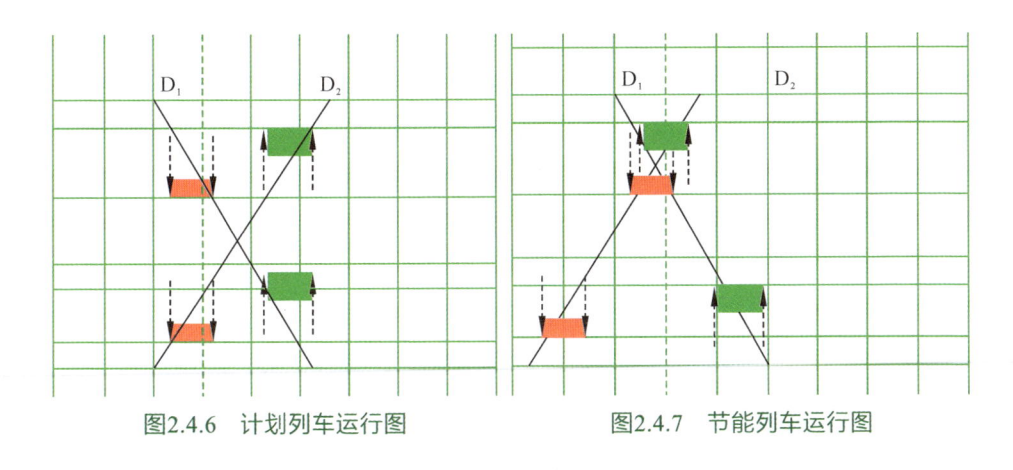

图2.4.6　计划列车运行图　　　图2.4.7　节能列车运行图

四、新旧交替列车运行图

随着铁路新线的开通和城市的经济发展，我国每年都会在现行列车运行图的基础上对列车运行对数、开行种类、到发时刻等做出一些调整形成新图。我国幅员辽阔，铁路开行了大量长途旅客列车，这些旅客列车往返一次的时间即旅客列车车底（固定编组，循环使用，不进行分摘的载客车列）周转时间远远超过1天。基于此，每当铁路启用新的列车运行图时，如所需的大量车底仍按现图在途中运行，不在新图规定的始发站待用，列车运行组织将无法立即按新图执行，需有相应的运行图交替方案完成过渡。新旧交替列车运行图的出现就是为了解决这一问题，实现新旧旅客列车运行图的快速、平稳过渡。

由于新运行图实行时还存在未完成周转的列车，并且周转时间可能持续好几日，因此新旧列车运行图的交替工作往往需要好几天。在交替期内新旧列车运行图同时使用，执行旧图的列车与执行新图的列车混合运行，当路网中全部列车均按照新图运行时，交替期才视为结束。当列车根据新旧运行图开行发生运行冲突时，需要调度人员及时调整。具体编制程序如图2.4.8所示。

图2.4.8　新旧列车运行图编制程序

图2.4.9展示了4月17日至4月22日的列车新旧交替计划，黑色运行线表示的旧图开行的列车，红色运行线表示的是新图开行的列车，旧图上的运行线逐渐被新图上的运行线替代。K407次由广州自4月17日，K512次由三亚自4月18日，K511次由上海南自4月20日，K408次由三亚自4月21日起按新运行图的时刻运行；K48次由广州自4月19日，K47次由上海南自4月20日起停运；因车底交路影响，4月18日、19日、20日K408次停运。

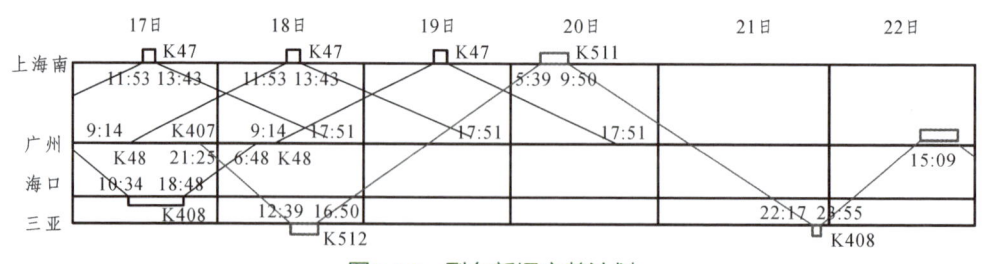

图2.4.9　列车新旧交替计划

五、新兴的铁路运输模式

除前面介绍的之外，还有一些新兴铁路运输模式正在崛起。

1. 中欧集装箱班列

中欧集装箱班列（见图2.4.10）是由国铁集团组织，按照固定车次、线路、班期和运行时刻往来于中国与欧洲及一带一路沿线各国的集装箱国际铁路联运班列。在我国主要经由3条通道：西部通道由我国中西部经阿拉山口（霍尔果斯）出境，中部通道由我国华北地区经二连浩特出境，东部通道由中国东北地区经满洲里（绥芬河）出境。中欧班列以其运距短、速度快、安全性高的特征，以及安全快捷、绿色环保、受自然环境影响小的优势，已经成为我国国际物流中陆路运输的骨干方式。

图2.4.10　中欧班列集装箱

2. 海铁联运集装箱班列

海铁联运（见图2.4.11）是进出口货物由铁路运到沿海海港直接由船舶运出，或是货物由船舶运输到达沿海海港之后由铁路运出的只需"一次申报、一次查验、一次放行"就可完成整个运输过程的一种运输方式。海洋运输与铁路运输都拥有运输低成本、运量大的优点，一次可以运送几十只集装箱，并且两种运输方式可以很好地衔接在一起。海铁联运在运输时间、效率、运力保障等方面都有较强的优势，可有效解决"缺舱、缺箱、压港"等问题，能打通港口快运大通道。此外，海铁联运模式比传统运输成本降幅约为30%，在碳排放等指标上仅为公路的1/10，有巨大的环保价值。

图2.4.11　海铁联运集装箱班列

3. 高铁货运

2014年初，高铁快递（见图2.4.12～图2.4.14）在京沪高铁上试运行，开启了我国的高铁货运时代。最初，我国主要利用客运动车组座椅后方、大件行李存放处等空闲空间运输货物。这种方法虽然能够合理利用现有资源，但可能会降低客运服务质量。后来，利用客运动车组不售票车厢和动检确认车（动检确认车是每天最早开行的一列动车组，不搭载旅客，对当天夜间的线路进行检查，保证后续开行的旅客动车组的运行安全）进行货物运输，消除货物对旅客的影响，但载运能力依旧不够。因此，铁路局研究开行货运专列，即专门为运输货物开行的动车组。货运动车组运载能力强，能弥补客运动车组捎带运输和高铁动检确认车在运量方面的不足。货运动车组列车运行线的编制需要优先满足客运需求，再考虑货物运输需求，在保证运行安全和旅客的旅行时间不因货运延长的前提下，实现铁路设备的最大程度利用。

图2.4.12　高铁快运集装箱包 　　图2.4.13　复兴号货运车厢内部

图2.4.14　复兴号车厢内部货架

随着铁路运输技术的发展和社会要求的不断变化，铁路列车运行图的研究逐渐呈现以下特点：

（1）智能化技术的完善。未来的列车运行图将更加智能化，通过大数据分析和人工智能技术，能够更好地预测客流和列车运行情况，实现更加精细化的列车调度和运行计划。同时，智能化技术还能够提高列车的正点率和舒适度，更好地满足旅客的需求。

（2）协同化、一体化研究持续发力。我国铁路从线到网的发展历程，决定了研究方向从单线运输向铁路网络转移。注重各线路间的依存关系和相互影响，尤其是在铁路网络上的影响和传播，通过统筹安排既有资源、协调控制列车运行等手段，协同实现铁路企业和旅客效益的最大化。此外，列车运行图还将更加注重与其他交通方式的协调和衔接，以实现综合交通的可持续发展。

（3）绿色可持续热度不减。绿色可持续是社会的热点话题，对我国庞大的轨道交通网络能耗问题提出了新要求的同时，列车运行图绿色发展的研究也迎来了发展机遇，节能、环保、再利用等将会在未来的研究中得到更多关注。

了不起的列车运行图

自19世纪第一张铁路列车运行图出现以来，铁路列车运行图已经有100多年的发展历史了。我们可以看到随着科技的进步和交通需求的不断增长，铁路列车运行图的发展也在不断推进，未来的铁路列车运行图将更加注重效率、灵活性和环保，通过采用新技术和优化设计，为人们提供更加便捷、高效、安全的运输服务，可以预见未来的列车运行图会更加了不起！

第三篇 城市轨道交通列车运行图

城市轨道交通在人们的都市生活中已经扮演着越来越重要的角色，它就像城市的血脉，精密而有序，川流不息地流淌在城市的每一个角落。城轨列车运行图是城市轨道交通的灵魂，直接影响到城市轨道的整体运作和人们的出行体验，重视城轨列车运行图的设计和优化，可为城市的可持续发展提供坚实的支撑。

　　前面两篇介绍了铁路列车运行图的一些基础知识，直观上来看，城市轨道交通列车运行图（简称城轨列车运行图）与铁路列车运行图编制有不少共同点，比如编制要按流开车，要满足列车运行图各线不冲突、列车运行速度高等安全、高效原则，但实际上城轨列车运行图及其编制并不完全与铁路相同，有着自身的特殊性和复杂性。本篇将重点介绍城轨列车运行图的单纯但不简单的特点，认识城轨列车运行图的编制流程和方法，并一同畅想城轨列车运行图的未来发展，让大家对城轨列车运行图这个身边的"朋友"有更全面深刻的了解。

第一章　单纯但不简单的城轨列车运行图

第一节　单纯的城轨列车运行图

大家回想一下，在城市轨道交通有没有看到过运输货物的列车？有没有听说过可以用城市轨道交通邮寄货物？答案当然是没有！目前，城市轨道交通只进行旅客运输，城轨列车运行图上只有一种列车，即旅客列车。

观察对比图3.1.1和图3.1.2，能直观地看到相比铁路列车运行图，城轨列车运行图更为"单纯"。

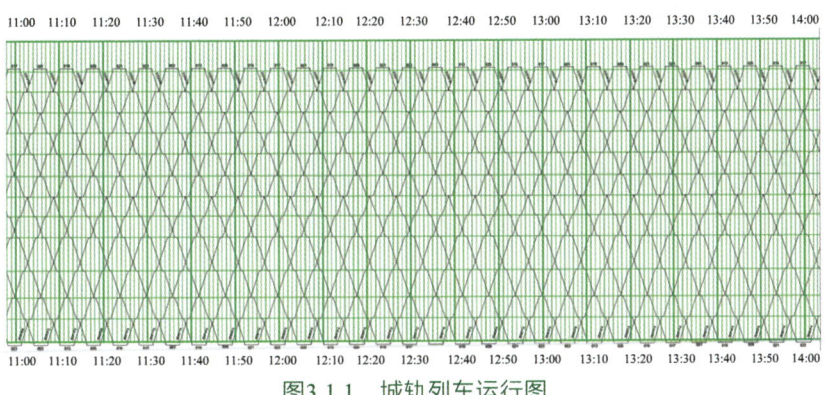

图3.1.1　城轨列车运行图

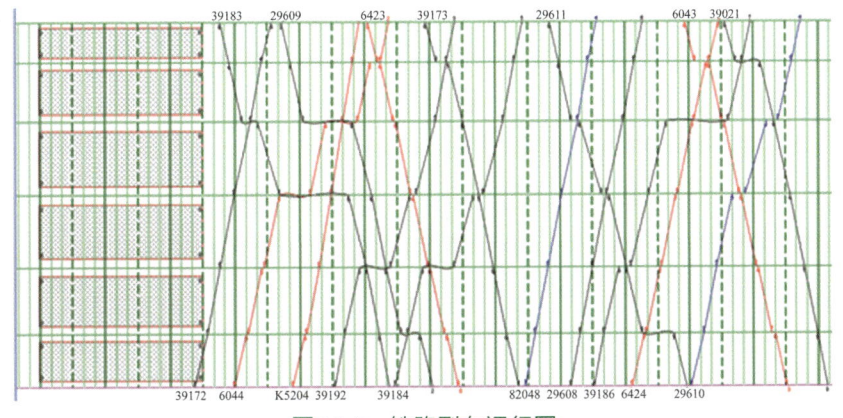

图3.1.2　铁路列车运行图

117

一、城轨列车运行图多为平行运行图

对比图3.1.1和图3.1.2，可以看出城轨列车运行图中的列车运行线是平行的，属于平行运行图，而铁路列车运行图中的列车运行线不平行，属于非平行运行图。为什么会呈现这样的特征呢？

如图3.1.1所示，每条城市轨道交通线路上，通常只开行一种类型的列车，每列列车运行速度相同，且在各车站停站时间相对固定，因此列车运行线基本相互平行，形成平行运行图。而铁路上的列车开行种类很多，有快车有慢车，有客车有货车，不同种类的列车速度不同，停站不同，因此铁路列车运行图以非平行运行图居多，如图3.1.2所示。

二、城轨列车运行图通常不存在越行

相比于铁路上的车站，城市轨道交通车站除两条正线外，较少设置用于越行的配线，列车只能在正线上运行、停车，排队依次通行，列车间运行先后顺序不发生改变，一般不出现同方向的后一列车超过前一列车的情况，即"越行"。

三、城轨列车运行图比较均匀

对比图3.1.1和图3.1.2，城轨列车运行图中的各列车运行线分布较为均匀。这是由于为了给旅客提供公交化的乘车服务，城市轨道交通列车在每日同一个分时段内通常按相同行车间隔时间追踪运行，且列车运行线基本为平行运行线，得到的列车运行图看上去就比较均匀。铁路上除少数提供公交化服务的城际高铁外，列车之间的行车间隔时间往往不同，导致列车运行线分布不均匀。

四、城轨列车时刻表较为简单

列车运行图是轨道交通系统内部使用文件，通常也以列车时刻表的形式对外公布。比较一下图3.1.3中的城轨列车时刻表和铁路列车时刻表，它们的呈现形式相同吗？

第一章　单纯但不简单的城轨列车运行图

（a）铁路列车时刻表　　　（b）上海地铁18号线时刻表（来源：上海地铁）

（c）成都地铁2号线时刻表（来源：成都地铁）

图3.1.3　列车时刻表

119

了不起的列车运行图

观察图3.1.3（a），可以发现铁路列车时刻表展示了所有列车的详细信息，包括每列列车的车次、各车站到发时刻、经由停站、停站时间等。旅客乘车时，需要事先查询，然后按这些信息准时乘车。

观察图3.1.3（b）、（c），可以发现城轨列车时刻表仅展示了各线路的首末班车的发车时刻，以及列车行车间隔时间，并没有每一列车的详细时刻信息。有人可能会问：怎么回事呢？我们不一定赶首末班车，又不知道其他列车的时刻信息，怎么能准时乘坐列车呢？

其实，一方面由于城轨列车间隔时间很短，只要在首末班车时间范围内，旅客无须按点都能乘车。另一方面，通过城轨各线路的首末班车时刻和列车行车间隔就能很容易地推算后续第二班、第三班以及各班列车到站时间，乘客能根据这些信息合理安排出行，准时乘车。

假设，乘客从家里出发，必须8:00赶到学校，从家到学校总路程时间为32 min，其中乘坐地铁需要20 min，从家到最近地铁站坐上地铁需要5 min，从地铁出站到学校需要7 min。从所公开的城轨列车时刻表了解到，离家最近的地铁站的首班车时刻是早上7:00，乘坐的地铁线路早高峰（7:00—8:30）列车运行间隔是4 min，那应该在什么时间乘坐上地铁，才能保证不迟到呢？

首先，根据离家最近的地铁站的首末班车时刻及行车间隔时间，推算出该站列车时刻表见表3.1.1。

表3.1.1　地铁站列车时刻表

班次	到站时间
第1班（首班车）	7:00
第2班	7:04
第3班	7:08
第4班	7:12
第5班	7:16
第6班	7:20
第7班	7:24
第8班	7:28

续表

班次	到站时间
第9班	7:32
第10班	7:36
……	……

根据以上信息推断出，至少应该搭上7:32出发的第9班列车，才能保证不迟到。

第二节 不简单的城轨列车运行图

城轨列车运行图与客货、快慢车混跑，停车方案复杂的铁路列车运行图相比，看上去较为单纯，但它自身还是有很多不简单的地方，我们一起来探讨一下吧！

一、一天中，城轨列车运行图运行线分布有疏密的变化

前面谈到过，城轨列车运行图相比于铁路列车运行图运行线分布相对均匀，但实际上，仔细观察一天的列车运行图，可以发现它不是完全均匀的，在一天的不同时刻存在着疏密的区别，如图3.1.4所示，7:00—8:00、18:00—20:00的列车运行图明显较为密集。

这是因为，城市轨道交通主要服务于旅客在城市内部的流通，城轨的客流量随城市生活的节奏在一日之内起伏变化，夜间客流量稀少，黎明前后渐增，上班上学时达到高峰，以后客流渐减，至下班或放学时间又出现第二个高峰，进入晚间客流又逐渐减少。图3.1.5所示为某城市的全网分时客流情况，可以看见客流在工作日一日内运营时间内呈现双峰形分布，早高峰是8:00—9:00，同比2018年上升5.3%，晚高峰是17:00—18:00，另外早高峰客流显著高于晚高峰，呈现典型的"双峰型"。而在平峰时段休息日客流规模与工作日基本相当。

（a）早高峰时段

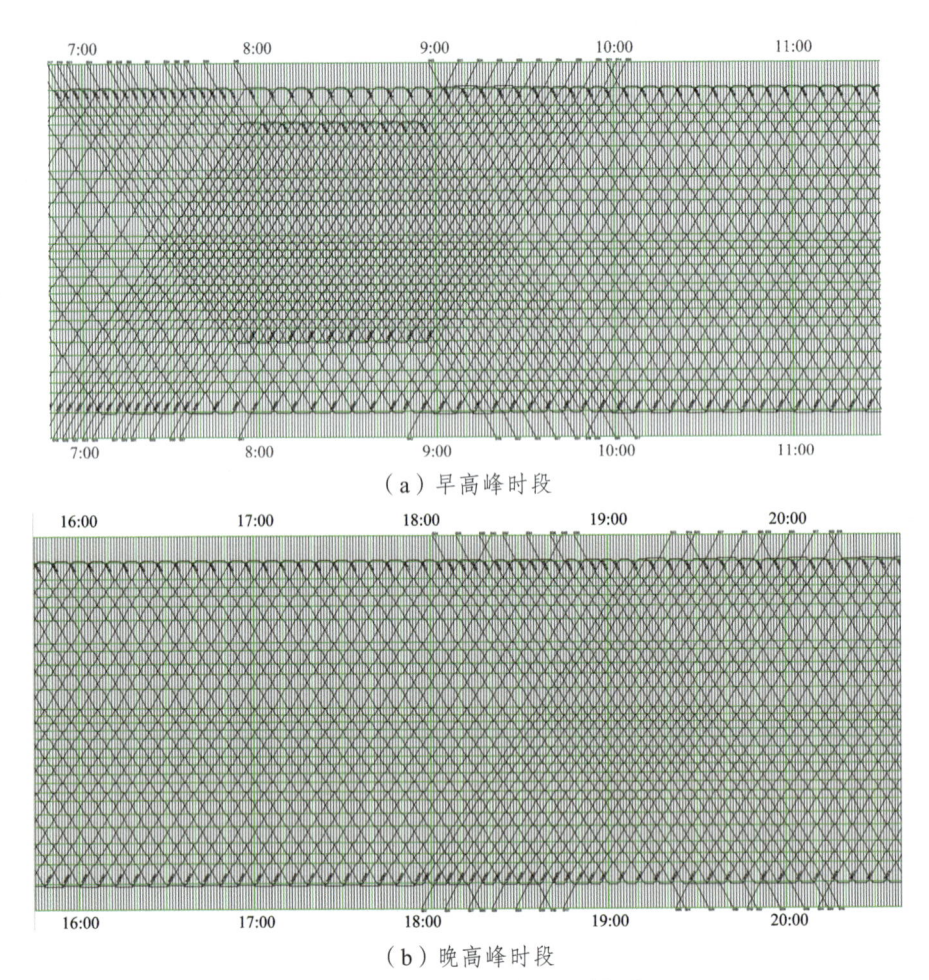

（b）晚高峰时段

图3.1.4 列车运行图高峰小时部分

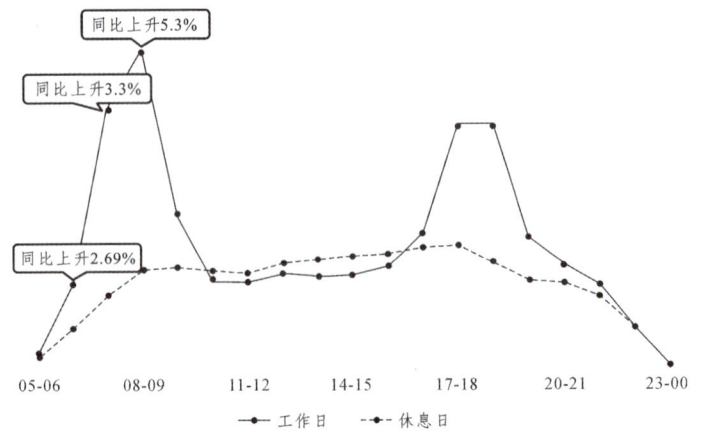

同比上升5.3%
同比上升3.3%
同比上升2.69%

05-06　08-09　11-12　14-15　17-18　20-21　23-00

—●— 工作日　--●-- 休息日

图3.1.5 某市全网分时客流情况

由于城市客流具有阶段性高峰明显，并且一天内客流变化大的特征，如果一天内城市轨道交通列车运行间隔总是相同的话，高峰时段可能会导致乘客等车时间太长，并造成站内拥堵，而在低峰时段可能导致运输资源的浪费。城轨运营商为了满足不同时段乘客的出行需求，相应地采用不同的发车频率，在高峰时段多开列车、提高发车频率，在低峰时段少开列车、降低发车频率。也就是说，不同时段的城轨列车行车间隔时间不同，具有显著的时段特性，如图3.1.6所示。

4号线列车运行间隔

名称	时段	列车间隔	
		周一～周五（工作日）	
		内圈（宜山路－上海火车站－世纪大道－宜山路）	外圈（宜山路－世纪大道－上海火车站－宜山路）
早高峰	7:30～9:00	平均4分	平均6分40秒
平峰	9:00～17:00	平均7分	
晚高峰	17:00～19:30	平均5分	
其他时段		7分～15分	
		周六、周日（双休日）	
		内圈（宜山路－上海火车站－世纪大道－宜山路）	外圈（宜山路－世纪大道－上海火车站－宜山路）
高峰时段	8:00～20:00	平均6分30秒	
其他时段		7分～15分	

图3.1.6　上海地铁4号线列车运行间隔时间表（来源：上海地铁）

二、一天中，城轨列车运行图上列车运行区段有长短之分

"本次列车终点站为张家寺站，左侧的车门将会打开。张家寺站到了，请全体乘客下车，前往兰家沟站的乘客请等待后续列车。"如果在乘坐成都地铁6号线的列车里听到这段广播，是否会有乘客发蒙，"为什么我还没到兰家沟站就要提前下车呢？"这是因为，乘客恰好乘坐在了该线路的小交路列车上。

有些列车并没有到线路的终点站，而是只到线路中间的某一车站就折返了。这其实就是大小交路的套用。"交路"是专业用语，指的是城轨列车在线路上的固定运行区段，大交路是指列车跑完全程，小交路是指列车以全程

中的某两个站作为起始站来跑。换句话说，一条城市轨道线路中的列车运行区段是不同的，有长有短，如图3.1.7所示。

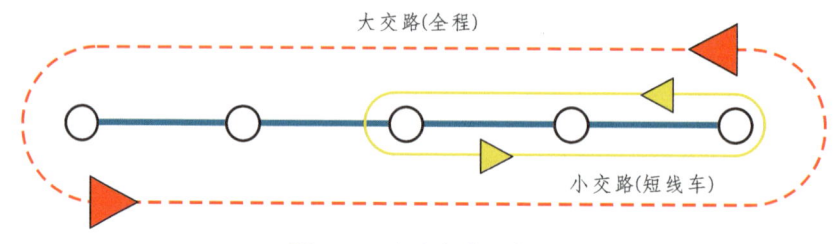

图3.1.7　大小交路示意图

在实际乘坐城市轨道交通时，我们如何区分大小交路列车呢？列车内部车门上方的显示屏通常会显示该列车的运行区间，即列车交路，由此我们可以判断所乘坐的列车是哪种列车，并合理安排出行。如图3.1.8所示，"运营线路①"是大交路，"运营线路②、③"是小交路。

图3.1.8　成都地铁6号线运营线路图（来源：成都地铁）

不同的交路反映到列车运行图上，如图3.1.9所示，015次列车跑的是"大交路"，017次列车跑的是"小交路"，小交路列车数量多于大交路，小交路列车行车间隔时间较短，大交路列车行车间隔时间较长。

前文中行车间隔的调整用于应对客流在线路上时间分布不均匀的情况，而大小交路则用于应对客流在线路上空间分布不均匀的情况。如图3.1.10所示，某条线高峰时段各站间的客流分布不均，中间区段f站—q站客流量较大，两端区段a站—e站、r站—u站客流相对较少。这样，在全程a站—u站设置大交路的基础上，针对客流量大的中间区段f站—q站设置小交路，可以提高中间区段行车密度，既满足线路不同区段客流的需要，又可以显著地节约车底数量，避免运输能力资源浪费，如图3.1.11所示。

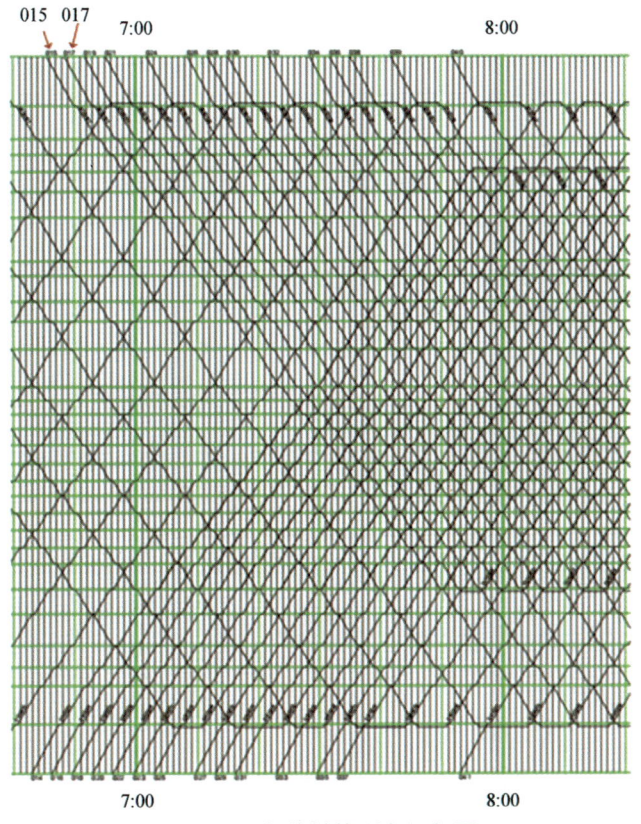

图3.1.9　部分城轨列车运行图

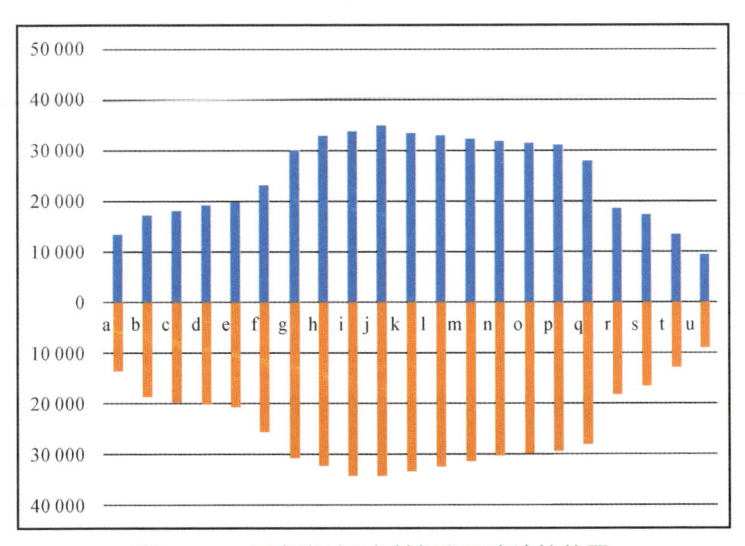

图3.1.10　早高峰时段各站间断面客流柱状图

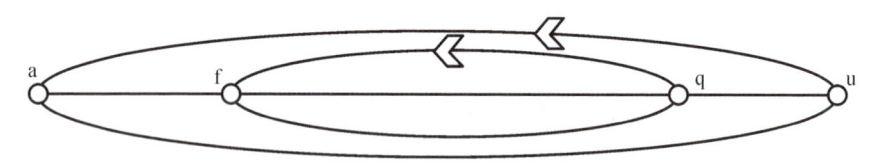

图3.1.11 根据客流分布设置大小交路

三、每天的城轨列车运行图不一定相同

城市中人们的工作生活通常都是以周为循环周期的，这种活动规律必然要反映到一周内各日客流的变化上，如平时需要通勤的乘客到周末通常不再出行，通勤路线上客流会减少，但商业中心、旅游景点路线的客流会增加。

除此之外，一年中，客流还呈现季节、天气、节假日、重大活动举办等的变化。

根据一天以及一年内客流的变化规律，从运营经济性和效率性的角度考虑，城市轨道交通需要编制满足不同时期运输需求的列车运行图，包括平日运行图、周末运行图及节假日运行图等。因此，每天所执行的列车运行图不一定相同。

如图3.1.12所示，上海地铁1号线首末车时间表就在工作日与周末不同，对应执行不同的列车运行图。

"五一"小长假上海本地市民及外来游客出游增多，为满足出行需求，上海地铁启用了节假日列车运行图，并增加备车投放，其中5月2日、3日上海地铁1

车站	首班车发车时刻		末班车发车时刻(周日-周四)		末班车发车时刻(周五-周六)	
	行富路	往上海赛车站	行富路	往莘庄	行富路	往莘庄
莘庄	05:30	--	06:04(到达)	22:32	23:34(到达)	23:50
外环路	05:32	--	06:02	22:34	23:32	23:52
莲花路	05:34	--	06:00	22:36	23:30	23:54
锦江乐园	05:37	--	05:57	22:39	23:27	23:57
上海南站	05:18	04:55	05:54	22:42	23:24	次00:00
漕宝路	05:20	04:57	05:51	22:45	23:21	次00:03
上海体育馆	05:23	05:00	05:49	22:48	23:19	次00:06
徐家汇	05:25	05:02	05:46	22:50	23:16	次00:09
衡山路	05:27	05:04	05:44	22:52	23:14	次00:10
常熟路	05:29	05:06	05:42	22:54	23:12	次00:12
陕西南路	05:31	05:08	05:40	22:56	23:10	次00:14
黄陂南路	05:34	05:11	05:38	22:58	23:08	次00:16
人民广场	05:37	05:14	05:35	23:01	23:05	次00:19
新闸路	05:38	05:15	05:33	23:03	23:03	次00:21
汉中路	05:40	05:17	05:31	23:05	23:01	次00:23
上海火车站	05:43	05:19(到达)	05:30	23:08	23:00	次00:26
中山北路	05:45	--	05:57	23:10	22:57	次00:28
延长路	05:48	--	05:55	23:13	22:55	次00:31
上海马戏城	05:50	--	05:53	23:15	22:53	次00:33
汶水路	05:52	--	05:50	23:17	22:50	次00:35
彭浦新村	05:55	--	05:47	23:20	22:47	次00:38
共康路	05:58	--	05:45	23:23	22:45	次00:41
通河新村	06:00	--	05:42	23:25	22:42	次00:43
呼兰路	06:03	--	05:40	23:27	22:40	次00:45
共富新村	06:05	--	05:37	23:30	22:37	23:57
宝安公路	06:08	--	05:34	23:33	22:34	23:54
友谊西路	06:10	--	05:32	23:35	22:32	23:54
富锦路	06:12(到达)	--	23:37(到达)	22:30	次00:55(到达)	23:50

图3.1.12 上海地铁1号线首末车时间表
（来源：上海地铁）

号线定点加开列车,末班车发车时间延长至23:30等。

从上面的介绍可以看出,与铁路列车运行图相比,城轨列车运行图的确较为"单纯",但仍有很多"不简单"之处(见图3.1.13),我们千万不能"小瞧"它哟。

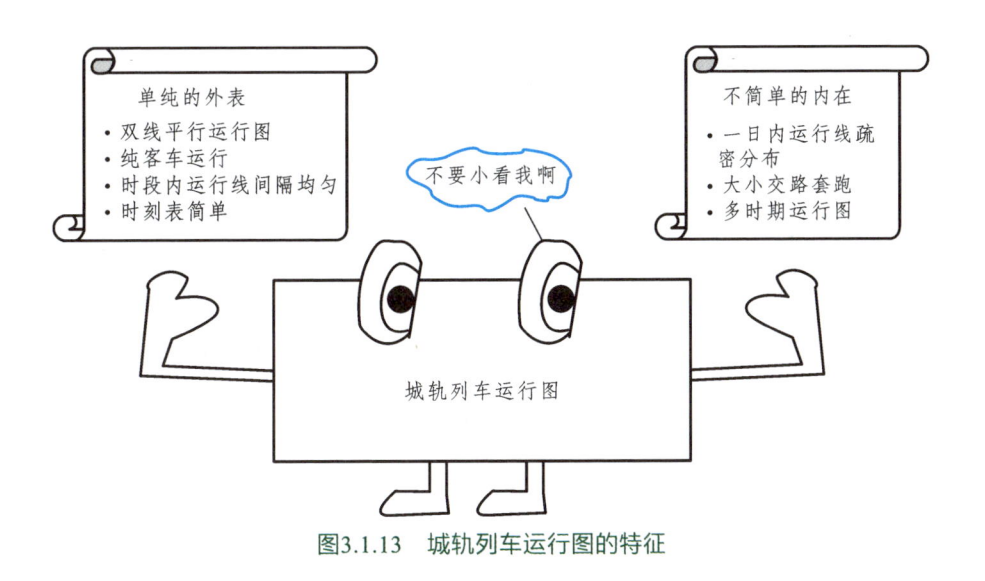

单纯的外表
- 双线平行运行图
- 纯客车运行
- 时段内运行线间隔均匀
- 时刻表简单

不简单的内在
- 一日内运行线疏密分布
- 大小交路套跑
- 多时期运行图

不要小看我啊

城轨列车运行图

图3.1.13　城轨列车运行图的特征

第三节　城轨列车运行图的编制

城市轨道交通列车运行图一般什么时候进行编制呢?

当一条新建成的城市轨道交通线路开通运营时,或者已开通城市轨道交通线路的客流量、设施设备或技术条件发生重大变化时(如线路施工、设备更新等),以及行车组织方式发生较大变化时,城市轨道交通运营单位需要根据实际情况开展新列车运行图的编制工作。

与铁路列车运行图相比,城轨列车运行图的编制过程有其自身的特殊性,下面一起具体了解一下吧。

一、基本时间要素

首先,编制城轨列车运行图前,需要先明确运行图的一些基本时间要素。城轨列车运行图编制的基本时间要素包括：区间运行时分、停站时分、区间列车追踪间隔时间标准、车站列车发到间隔时间标准、折返作业时间标准、列车运行间隔等。这些时间要素是保证行车安全的基本要素。

1. 列车区间运行时间

列车区间运行时间是指列车在两个相邻车站之间的运行时间，如图3.1.14中标注的运行时间。它由运营线路信号系统投入正常使用后由专业人员提供或者车辆部门采用牵引计算和实际试验相结合的方法进行查定。

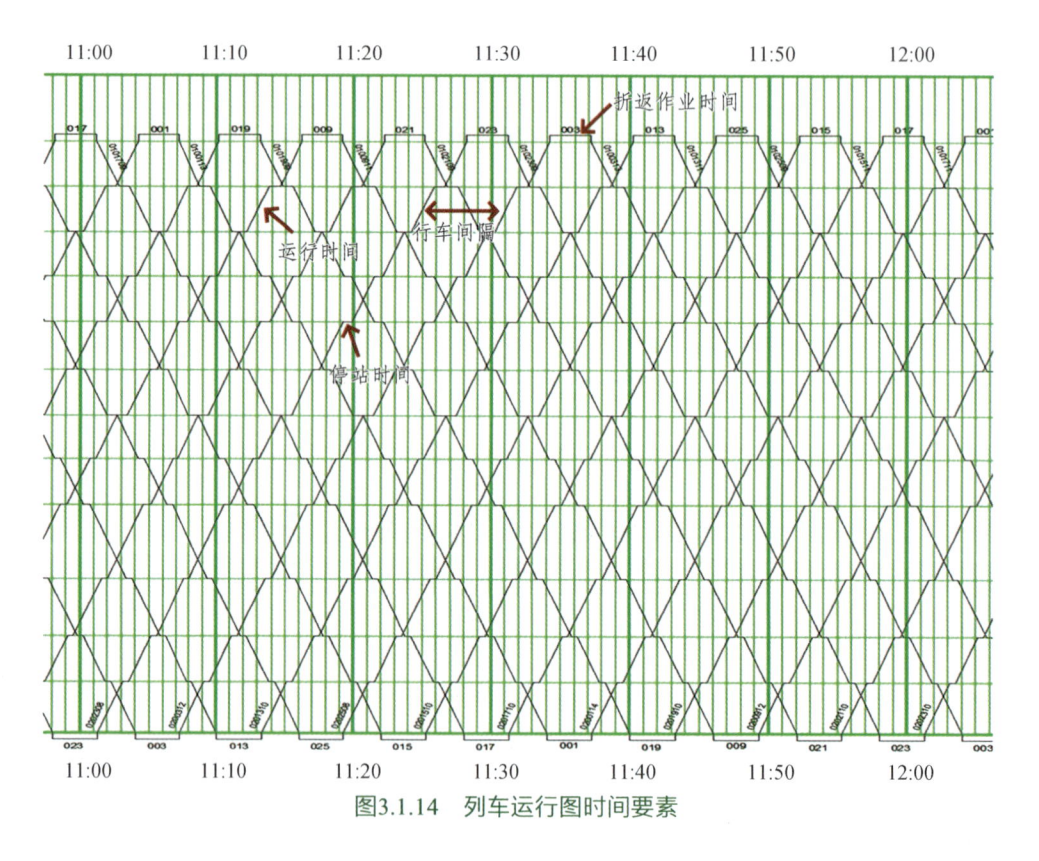

图3.1.14 列车运行图时间要素

具体来说，区间运行时间包含了纯运行时分、列车起动和停车附加时分，其中列车不停车通过两相邻车站所需的区间运行时分称为纯运行时分。列车出站启动加速至运行速度，或由运行速度减速进站停车，则包含列车到站停车的停车附加时分和停车后出发的起动附加时分，实际工作中应根据机车类型、列车重量、以及进出站线路平面、纵断面条件等查定。因此，区间运行时分还应根据列车在每一区间的两个车站上通过或停车两种情况分别查定。

2. 停站时间

在正常运行情况下，城轨列车在中间车站停站进行客运作业，供乘客上下车。则列车停站时间是指列车在车站停车进行开/关车门、乘客进行上下车等作业时所需要的时间，如图3.1.14中标注的列车停站时间。它是根据各车站实际客流情况、车站换乘、列车开关门时间等因素，采用分析计算和现场查标相结合的方法进行查定。

3. 区间列车追踪间隔时间

区间内同方向相邻运行的两列车在运行过程中，相互不受干扰的最小安全间隔时间称为区间追踪列车间隔时间。其大小决定于同方向列车间隔距离、列车运行速度及信联闭设备类型，应根据每条线路的具体情况查定。近年来，列车运行采用ATC（列车运行自动控制）系统，最小追踪间隔可以达到 75~90 s。

4. 车站列车发到间隔时间

城轨线路上，非折返车站一般不设置配线，在同一时间内，同一方向上只能有一列列车在站停留。为了确保列车安全，先后到达车站的两列列车间（即后行列车到达车站的时间与前行列车出发时间）应满足的最小间隔时间标准。

5. 折返作业时间

列车折返作业时间指列车到达终点站或在区间站进行折返作业的时间，如图3.1.14中标注的折返作业时间。折返站布置形式不同，会导致列车折返所需时间不同，除此之外其大小还受折返方式、列车长度、列车制动能力、信号设备水平、司机操作水平等因素的影响。折返作业时间必须满足最小折返作业时间标准。

6. 列车运行间隔

列车运行间隔，又称为行车间隔，是指两相邻列车在同一运行方向经过同一地点的时间差，如图3.1.14中标注的行车间隔。前面提到过城市轨道交通乘客出行有着明显的时间特性，编图要与客流的变化相匹配。因此，列车运行间隔时间设置必须以客流量的变化为依据，并根据列车的载客能力来计算得出，如图3.1.15所示。

图3.1.15　列车运行间隔计算

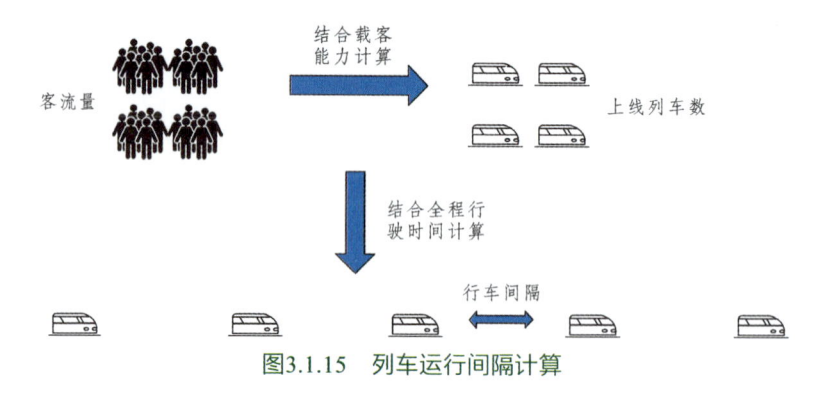

实际情况中，城轨运营商一般是根据市民的出行习惯和上、下班时间，在各个时间段的不同客流分时段地制定相适应的列车运行间隔，运行间隔越小，需要投入服务的列车越多，整个轨道交通系统的运输能力越大。但是列车运行间隔不得小于区间追踪间隔，大家想想这是为什么呢？

二、列车开行方案

确定相关时间要素后，并不能据此直接铺画出列车运行图，还需要确定列车开行方案。

列车开行方案规定了列车的编组大小、交路类型、停站序列，以及相应方案的列车数。列车运行图的编制实际上是依照列车开行方案，并根据具体线路和站场的实际能力进一步对列车在各停车站的到发时刻进行细化，同时得到实际列车的车底运用计划的过程。

1. 列车交路方案

列车交路方案就是规定了城轨线路上列车的运行区段及其折返车站。为了充分利用列车运力资源、降低运输成本，根据线路上客流的分布情况，确定出合理、可行的列车交路方案是列车开行方案的重要内容。通常的交路类型有单一交路、大小交路、Y形交路等。

2. 列车编组方案

列车编组方案主要是确定城轨线路上列车车辆的型号及构成数量。按照运量的大小，城轨车辆一般有A、B、C 3种型号，具体的车辆参数见表3.1.2。根据客流的大小，列车可采用3、4、6、8辆等编组量数。车型越大、编组量数越多，列车的载客量越大。列车编组方案是影响城轨系统输送能力和旅客舒适度的一个重要因素。列车编组不能无限增加，会受到车站到发线与站台长度的限制。

表3.1.2 车辆参数

车型	车辆宽度/mm	列车定员/人	最高速度/（km/h）
A型车	3000	310	80
B型车	2800	230	80
C型车	2600	210	80

3. 列车停站方案

在编制列车运行图前，应明确列车的停站方案。当前，大部分城轨线路车站较少设置配线，列车不易设置越行，因此以站站停（站站停方案，即列车在轨道线路的所有车站均停车，如图3.1.16所示）的停站方案为主，这样容易最大化利用线路能力，乘客无须关注各列车信息，乘坐方便。随着城轨交通向城市郊区修建，传统的站站停方案无法较好地满足市郊远距离乘客快速出行的需求，因此也逐渐出现快慢车、跨站停车、分段停车等停站方案。

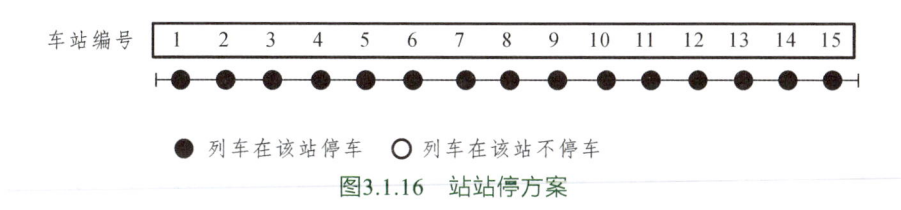

图3.1.16 站站停方案

快慢车方案是指在地铁线路上开行两种类型的列车，一类是在沿线各站都停站对乘客服务的站站停慢车，另一类是只在特定站点停靠的跨站停快车，如图3.1.17所示。

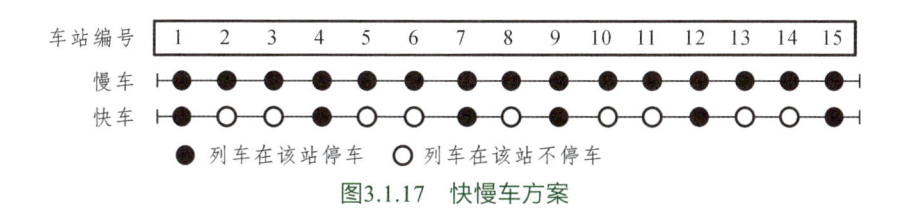

图3.1.17 快慢车方案

跨站停车方案，即将轨道线路上的车站分为3类：A类、B类和AB类，同时在线路上开行两类列车：A车与B车，其中A类站只停靠A车、B类站只停靠B车、AB类站两种列车都进行停靠，且两种类型列车的区间运行速度相同，但A、B列车停站次数均有减少，乘客出行时间得到缩短，如图3.1.18所示。

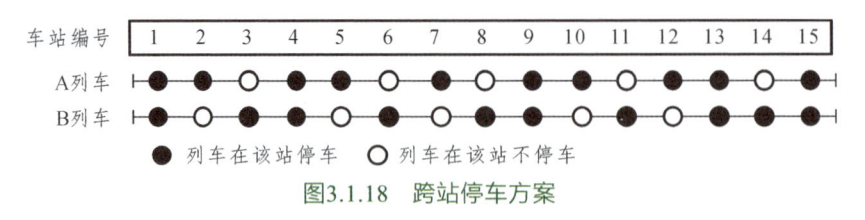

图3.1.18　跨站停车方案

分段停车方案，也叫作区域停车方案，是在长短交路的情况下采用，这种方案规定长交路列车在短交路区段外每站停车，在短交路区段内不停车通过，如图3.1.19所示。

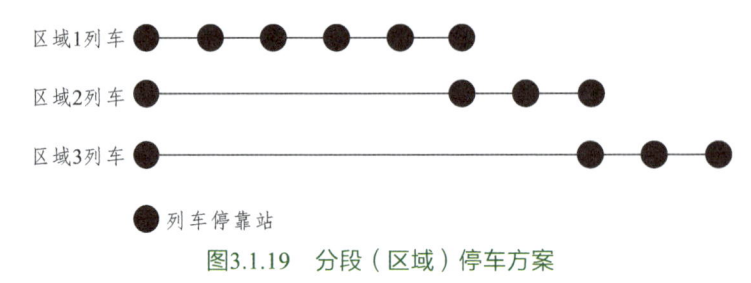

图3.1.19　分段（区域）停车方案

4. 全日行车计划

在城市轨道交通列车运营的各个时段内，由于客流分布的不均衡性，列车开行的数量也不同。一般情况下，城市轨道交通在夜间停止运营，只有个别城市是24小时运营，大多数城市轨道交通系统的运营时间在18小时左右。根据客流的时空分布确定城轨交通营业时间内各个小时开行的列车对数，就形成了全日行车计划。

全日行车计划一般根据营业时间内各小时的最大乘客数量、列车规定的载客数、车辆满载率（即列车实际载客数与规定载客人数的比例）以及希望达到的服务水平（开行的列车越多，列车运行间隔越短，服务水平越高）综合考虑制定，其规定了城市轨道交通线路的日常运输任务，同时也是编制列车运行图、计算运输工作量和确定车辆运用数量的基础，如表3.1.3所示。

表3.1.3　全日行车计划

营业时间	单向最大断面客流量/人	分时开行列车数/对	实际开行列车数/对	行车间隔/min:s
5:00—6:00	4800	4	6	10:00
6:00—7:00	16000	12	12	5:00
7:00—8:00	32000	18	18	3:20
8:00—9:00	22400	16	16	3:45
9:00—10:00	16000	12	12	5:00
10:00—11:00	12800	10	10	6:00
11:00—12:00	14400	11	11	5:25
12:00—13:00	16000	12	12	5:00
13:00—14:00	17600	13	13	4:40
14:00—15:00	19200	14	14	4:20
15:00—16:00	19200	14	14	4:20
16:00—17:00	22400	16	16	3:45
17:00—18:00	28800	16	16	3:45
18:00—19:00	19200	14	14	4:20
19:00—20:00	16000	12	12	5:00
20:00—21:00	9600	7	10	6:00
21:00—22:00	6400	5	6	10:00
22:00—23:00	2560	2	6	10:00

5. 首末班车时间

首末班车时间是指全天第一班列车和最后一班列车的出发时间。为了给乘客提供安全、舒适的运输服务，在运营结束后城市轨道交通运营商要对设备、车辆等进行全面安全隐患排查和修整，首末班车时间的确定就是要在满足乘客出行需求的基础上为夜间检修施工留出足够的时间。

三、城轨列车运行图编制流程

准备工作完成后，就可以进行城轨列车运行图的编制了，图3.1.20展示了编制流程。

城轨列车运行图一般由各个城轨运营企业的运营管理部门负责带头组织，并涉及多个业务部门，以每条线路为基本单位进行编制。编制过程一般可分为准备阶段、运行方案确定阶段、列车运行图铺画阶段、审核发布阶段4个阶段。

准备阶段 → 运行方案确定阶段 → 列车运行图铺画阶段 → 审核发布阶段

图3.1.20　城轨列车运行图编制流程

具体编制过程如下：

（1）按照编制原则、要求和编制目标提出编制运行图的注意事项。若是对运行图进行修改，应在总结当前执行图存在问题的基础上提出修改意见。

（2）收集编图资料，计算并确定运行图编制相关要素和各种基础数据，并对有关问题组织调查研究和试验。

（3）制订全日行车计划及城市轨道交通列车开行方案，即列车编组方案、列车交路方案和停站方案等。

（4）征求调度部门、客运部门、车辆部门等有关部门对列车运行方案的意见，并根据意见进行必要的调整。

（5）根据列车开行方案铺画详细列车运行图、编制列车运行时刻表和编制说明。

（6）对运行图进行全面检查，并计算列车运行图的评价指标。

（7）将编制完毕的列车运行图、时刻表和编制说明上报有关部门审核批准执行。

四、城轨列车运行图编制实例

在铺画列车运行图前，首先需要确定各基本时间要素及列车开行方案等编制资料，具体如下所示。

1. 线路数据

假设一城市轨道交通线路贯穿市区，设站13个，为双线运营，其线路如图3.1.21所示。其中，A站衔接车辆段，B站未衔接停车场，无夜间存车功能，运营时间内可利用站后折返线存车一列。A到B为下行方向。

图3.1.21 线路示意图

2. 编图要素

折返站列车停留时间标准取180 s，折返出发间隔时间取90 s。首班车时间为6:00，区间运行时间和各站停站时间见表3.1.4和表3.1.5。

表3.1.4 各区间运行时分

区间	A—a	a—b	b—c	c—d	d—e	e—f	f—g	g—h	h—i	i—j	j—k	k—B
区间运行时间/s	96	96	94	97	101	96	92	98	155	123	96	108

表3.1.5 各站停站时间

车站	A	a	b	c	d	e	f	g	h	i	j	k	B
停站时间/s	30	45	35	35	40	30	45	25	30	25	25	25	30

3. 行车方案

列车开行方案为，采取地铁B型车6编组，列车交路方案采用单一长交路，列车到达线路终点后折返，列车停站方案采用站站停车方案。

4. 全日行车计划

全日行车计划见表3.1.6。

表3.1.6 全日行车计划（标红时间为高峰小时）

时间	开行列车数/列	行车间隔/（min:s）	时间	开行列车数/列	行车间隔/（min:s）
6:00—7:00	6	10:00	8:00—9:00	14	4:18
7:00—8:00	11	5:27	9:00—10:00	10	6:00

续表

时间	开行列车数/列	行车间隔/（min:s）	时间	开行列车数/列	行车间隔/（min:s）
10:00—11:00	10	6:00	16:00—17:00	10	6:00
11:00—12:00	10	6:00	17:00—18:00	13	4:37
12:00—13:00	10	6:00	18:00—19:00	10	6:00
13:00—14:00	10	6:00	19:00—20:00	10	6:00
14:00—15:00	10	6:00	20:00—21:00	10	6:00
15:00—16:00	10	6:00	21:00—22:00	6	10:00

五、编制城轨列车运行图

请遵循第三章提到的列车运行图编制基本原则，并根据给出的编制资料和编制步骤，自己动手画一画城轨列车运行图吧。

1. 确定车站中心线

首先需要准备一副空白的列车运行图底图，这里列车运行图底图采用一分格运行图，横轴以 1 min 为单位，以细竖线加以划分，十分格和小时格用较粗的竖线表示，如图3.1.22所示。此图中的横线表示各个车站，竖线为时

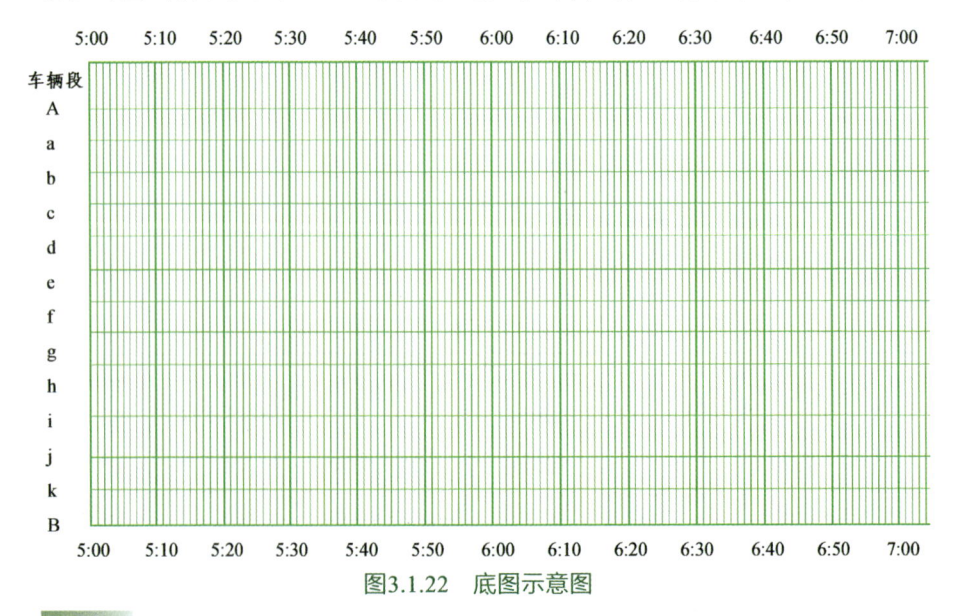

图3.1.22 底图示意图

间线，车站中心线按区间运行时分比率确定，这样可以使列车在整个区段运行线。基本上是一条斜直线，既整齐又美观，也容易发现列车在区间运行时分上的差错。

2. 铺画列车运行线

1）铺画轧道车、空驶列车

铺画载客列车运行线前需要铺画轧道车，轧道车是载客列车运营之前检验并确保道路安全的一列空驶列车，不用于载客运行，中途不停站，如图3.1.23中的001次列车所示。

由于本案例中，A站衔接车辆段，B站未衔接停车场，无夜间存车功能，每天首班车开行前，还需要开行先开行几列空驶列车到上行方向起始站B，如图3.1.23中的003、005、007三列空车，经过折返后由B站发车，沿上行方向行驶，以此保证运营时段运行的列车对数满足全日行车计划。

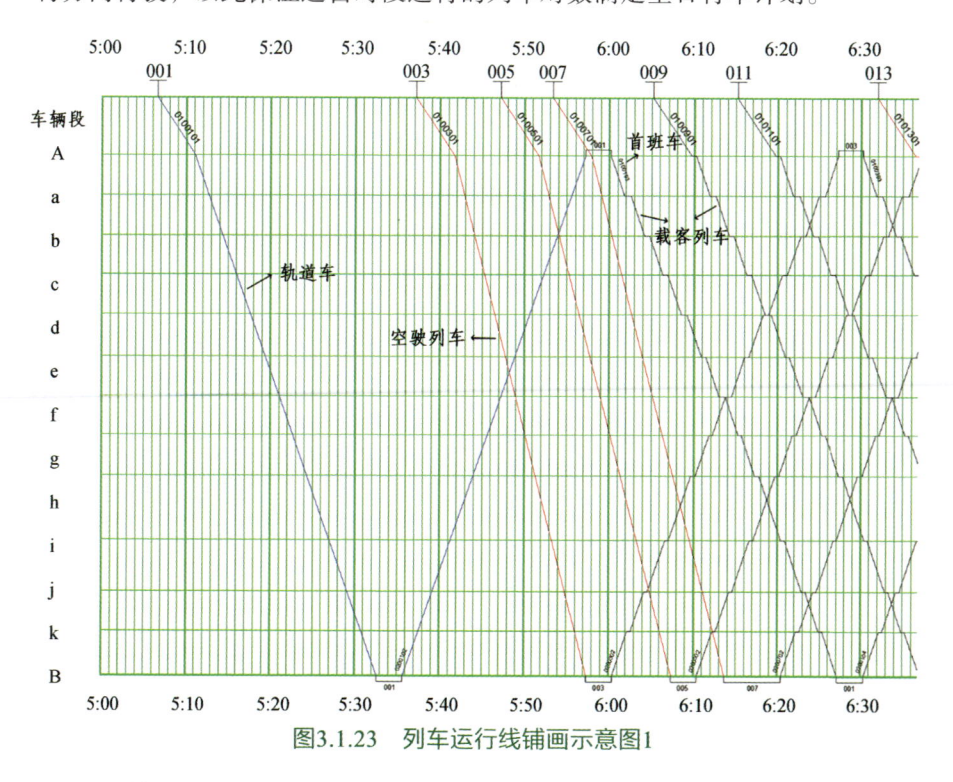

图3.1.23 列车运行线铺画示意图1

2）铺画载客列车运行线

根据要求，从首班车开始绘制列车运行线。

首先可以确定的是下行首班列车的在起始站A的出发时间，即6:00:12。单条载客列车运行线必须满足表3.1.4和表3.1.5的站间运行时分和停站时间。因此，确定首班车到达a站的时间，为起始站A的出发时间加上区间运行时分，即6:01:48，从a站出发时间则为在此基础上再加上在a站的停车时间，即6:02:33。依次类推，可得到该列车在每个车站的到发时间。上行首班车在各站的到发时间也如法炮制。

每条运行线从列车始发站开始，铺画到折返站，经过一定折返时间再返回始发站，折返时间需要不得小于折返作业时间标准。列车在折返站折返作业以连接上行和下行两条运行线的连续折线表示，如图3.1.24所示。

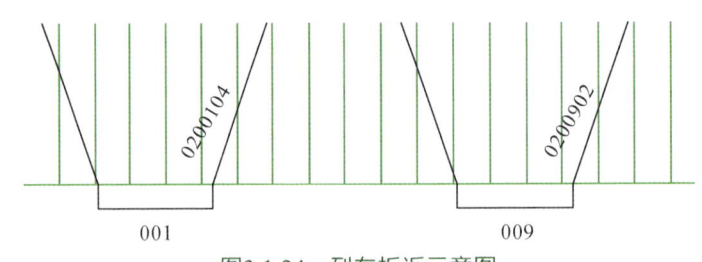

图3.1.24 列车折返示意图

那么，如何根据行车方案在图上确定后续每列车的始发时间呢？

一般先确定首班列车的始发时间，再根据表3.1.6得到的各时段的行车间隔时间依次向后推算得到后续每列车的始发时间。例如，下行首班列车在车站A的始发时间是6:00:12，则第2班列车始发时间为6:10:12，第3班列车始发时间暂定为6:20:12，依次类推，可得到所有下行列车的始发时间。所有上行列车在B站的始发时间也如法炮制。

确定每列车的始发时间后，就可以按照前面所讲的方法，即根据站间运行时分和停站时间，推算列车在各站的到发时间。由于城轨列车运行图是平行运行图，则一般情况下，在同一时段内可将前一列车的运行线平移列车运行间隔得到当前列车的运行线，据此画出后续列车的运行线，如图3.1.25所示。

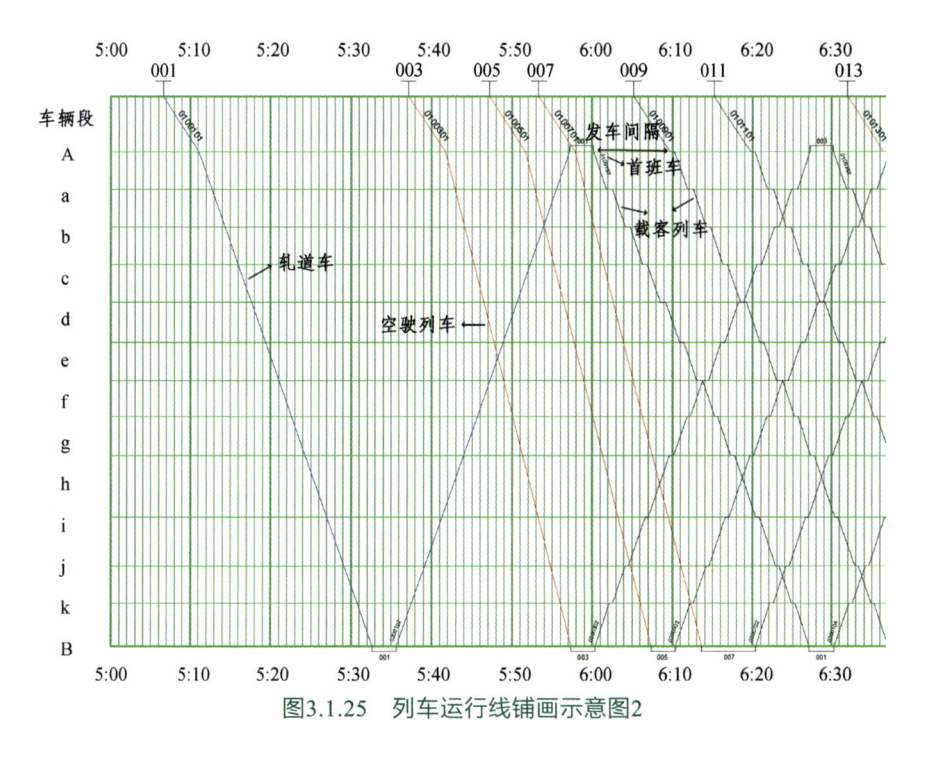

图3.1.25 列车运行线铺画示意图2

铺画过程中，还需要注意从高峰期过渡到平峰期，列车开行数减少时，某些列车回库或停在存车线，如图3.1.26和图3.1.27所示027、011车回库，以此保证各时段满足全日行车计划。

由于本例中，A站衔接车辆段，B站未衔接停车场，有些列车需要沿上行方向以空驶列车的形式，开回车辆段，且为了满足运行图均匀以及保证列车间追踪安全，可以使空驶列车停站，列车不开门就行，如图3.1.27中红色运行线005车、007车。

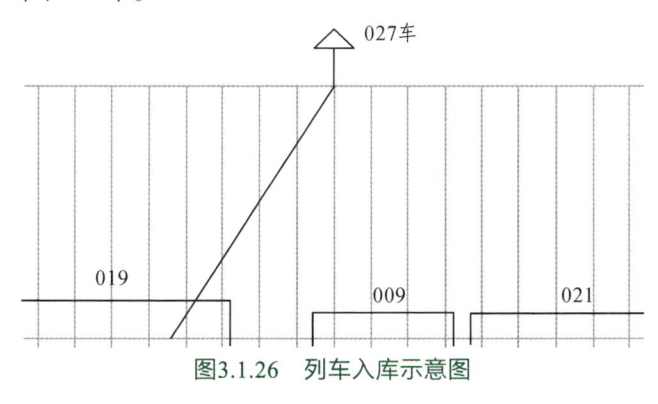

图3.1.26 列车入库示意图

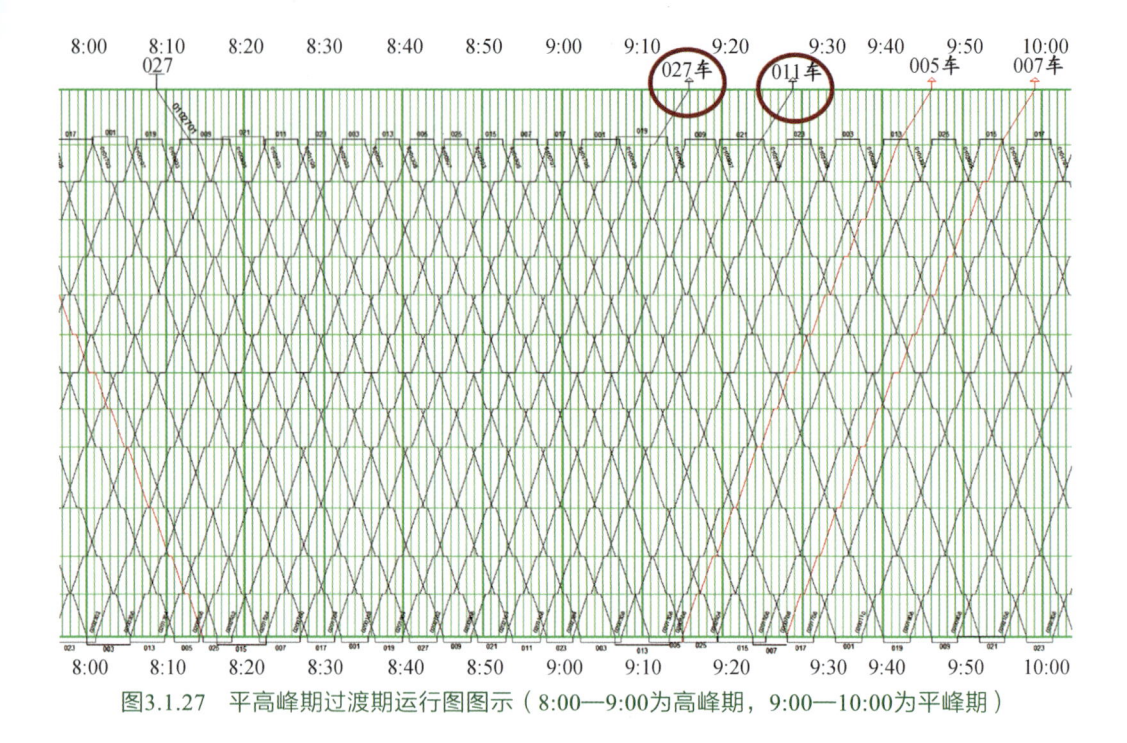

图3.1.27 平高峰期过渡期运行图图示（8:00—9:00为高峰期，9:00—10:00为平峰期）

重复上述过程，直到所有运行线均铺画完毕，并得到符合需求的全日列车运行图，如图3.1.28所示。

六、城轨列车运行图指标计算

城轨列车运行图编制完后，还需要统计一些重要的指标来评价列车运行图的质量，通常包括运用列车数、开行的列车数量、列车技术速度、列车旅行速度及输送能力等。

1. 运用车底数

运用车数为该线路运营所需要总的车底数量，该指标是判断运行图编制优劣的指标之一。显而易见，车底数量越少的话，运营成本就越低，那么在满足客流需求、服务水平以及运行条件的情况下，所需运用车数越少则列车运行图的质量越优，且节约车辆购置成本。

2. 开行的列车数量

只要列车在运营轨道线路上行驶一个单程，无论是否载客、是否行驶完

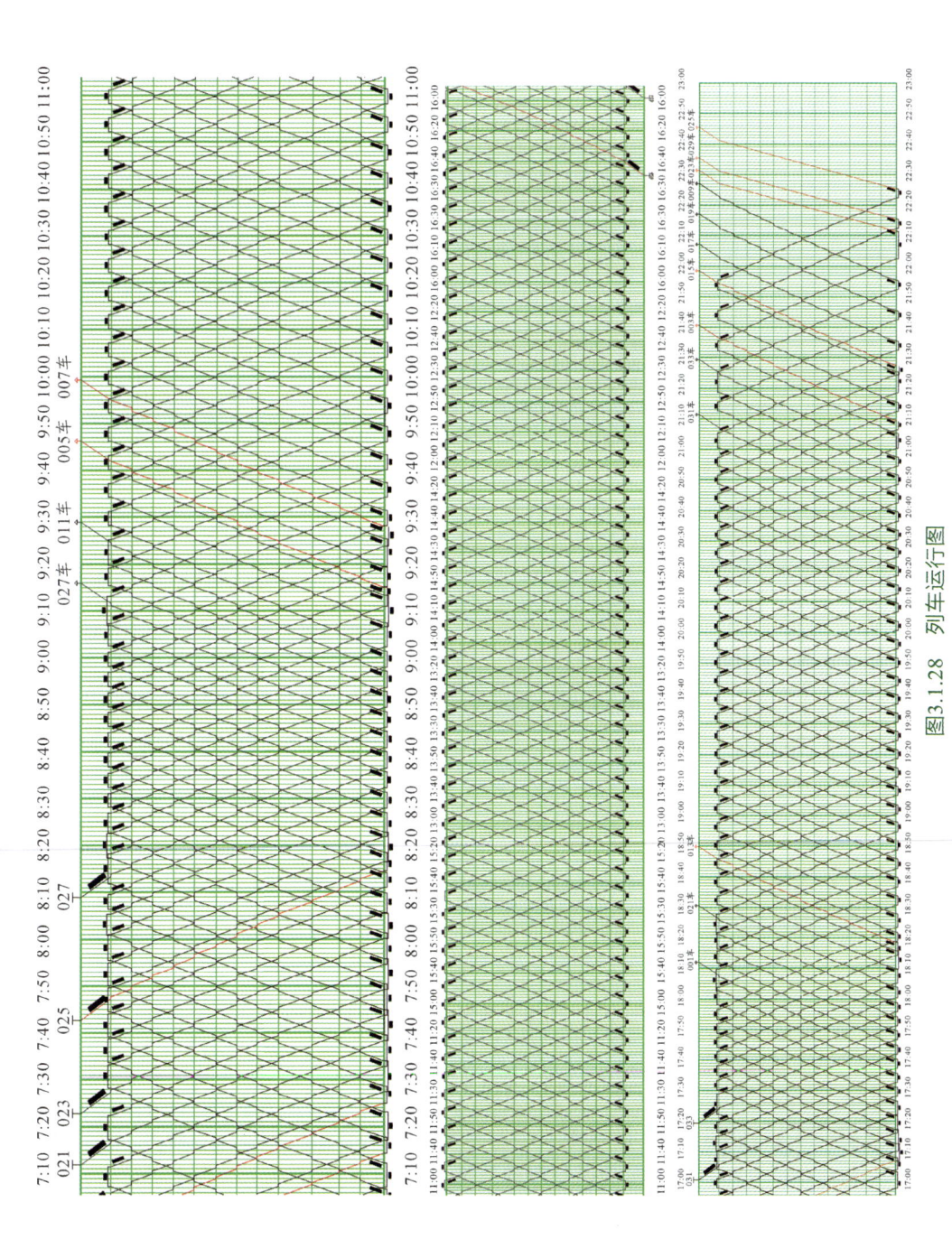

第一章 单纯但不简单的城轨列车运行图

图3.1.28 列车运行图

注：由于完整的城市轨道交通列车运行图过大，这里将其截成几部分进行展示。

141

全程，都算作一列开行的列车。该指标可以评估运行图的运输能力和线路的繁忙程度。具体根据上一节实例列车运行图，按列车种类和上下行分别计算开行列车数，见表3.1.7。

表3.1.7 开行列车数量表

列车种类	开行列车数	方向	开行列车数
空车	16	上行	8
		下行	8
旅客列车	320	上行	160
		下行	160
轧道车	2	上行	1
		下行	1

3. 列车技术速度及旅行速度

技术速度是列车在运行线路上运行（不包括列车在各站的停站时间）的平均运行速度。旅行速度是列车运送速度，指列车从始发站出发至到达折返站时的平均运行速度。

特别注意的是，计算旅行速度时，所用时间包含了在中间站停站时间及起停车附加时间。

以上都是速度类的指标，在保证安全的前提下，根据列车运行图计算得到的列车技术速度或旅行速度越快，也就是说能够更快速地运送乘客，则该列车运行图的质量越高，生产效率越好。

除了上面介绍的指标，还有其他指标，如列车平均周转时间、列车平均折返时间、全日车辆总走行公里、满载率等。通常情况下，为了进一步评价新列车运行图的质量，除计算新列车运行图的各项指标外，还会与现行列车运行图相应指标进行比较，分析各项指标提高或降低的主要原因。

城轨列车运行图，虽然看似单纯，但其实并不简单，深入研究后会发现，它背后蕴藏着的是对城市交通的深度理解，对人流分布、城市发展的精准把控。城轨列车运行图的设计是一项既重要又具有挑战性的任务，它需要智慧与技术的完美结合，真的很了不起！

第二章　成网条件下的城轨列车运行图

我们都知道，城市轨道交通具有运量大、安全便捷、环保节能等特点，因此成为了我国缓解城市交通拥挤问题的最有效的途径之一。那么你所在的城市的地铁、轻轨是只有一条线路吗？还是有很多条线路，并慢慢形成了轨道线网？

大家看看下面两个城市在2022年的轨道交通线路图（见图3.2.1），可以清楚地看到成都和北京两个城市的城市轨道交通线路都由多条线路组成，并形成了轨道交通网络。

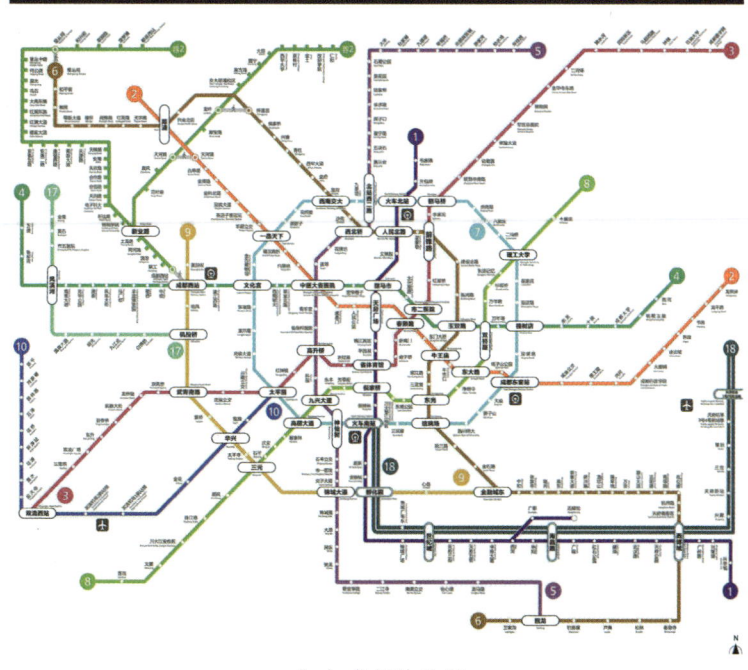

（a）成都地铁网

了不起的列车运行图

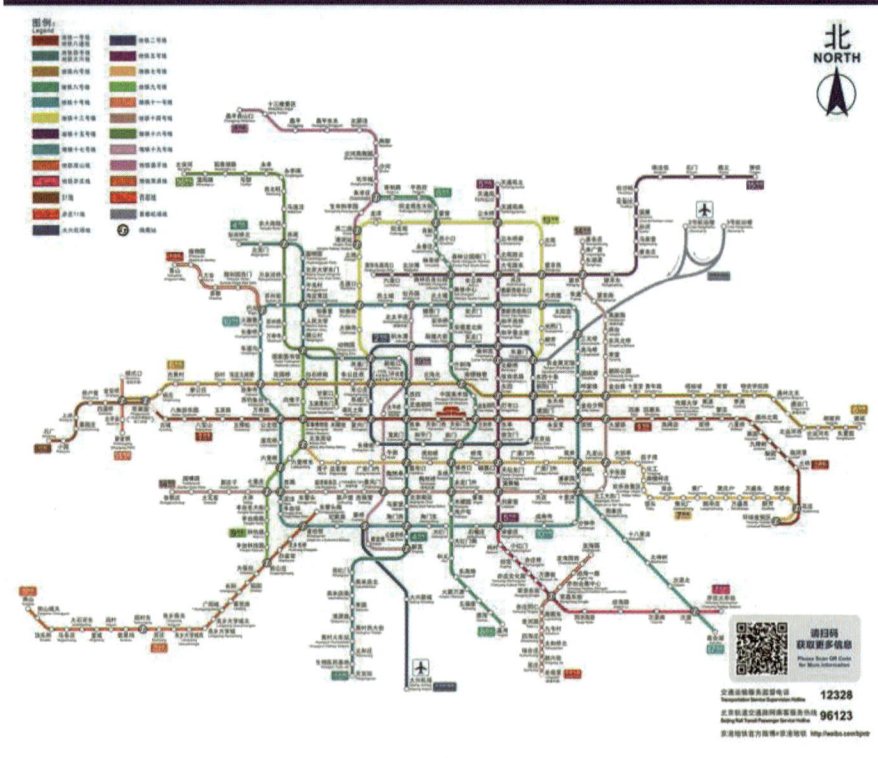

（b）北京地铁网

图3.2.1　2022年成都和北京轨道交通线网图（来源：成都地铁、北京地铁）

截至2022年年底，我国已有55个城市开通了地铁并已建成或已规划了城市轨道交通网络，城轨建设近几年发展势头迅猛，随着城市轨道交通线路长度和数目的不断增长，城市轨道交通网络逐渐形成。城市轨道交通也从单线运营进入到网络化运营阶段。那么，此时城市轨道交通运输组织会出现哪些变化，呈现出哪些特征？成网条件下的列车运行图的编制又该如何进行？带着这些问题，让我们一起来探索一下吧！

第一节　城市轨道交通网络化运输组织特点

随着城市轨道交通从单线运营进入到网络化运营阶段，城轨运输组织将呈现一些新的特征。

一、什么是"城轨网络化运输组织"？

顾名思义，"城轨网络化运输组织"就是成网条件下的城市轨道交通运输组织，指在城市轨道线路成网的条件下，综合考虑各线路间的影响和关系，通过统筹安排线网运力资源、协调控制各线路列车运行等方式，以实现城市轨道交通线网运营整体社会效益、经济效益最大化的运输组织方式。

二、"城轨网络化运输组织"有哪些新特点？

相比于单线运输组织，成网条件下客流更加错综复杂，对运输组织服务水平的要求更高，城轨的运营组织必须立足于满足网络的全局优化性而不能仅限于满足单线的局部优化性，主要体现在以下几个方面。

1. 成网条件下，客流量快速上升，但网络客流分布呈现不均衡状态

网络化运营后，轨道交通可达性提高，出行吸引力增强，整个网络的总客流量快速增长，各线路间的客流分担比率发生变化。以成都市为例，根据相关统计，2022年年底城轨线路数已达13条，里程达558 km，中心城区轨道线网持续加密，5+1城区线网密度分别达0.57 km/km^2，车站数达373座，5+1城区站点密度分别达0.35座/km^2，轨道直达性显著提升。网络化运营后，轨道交通可达性提高，出行吸引力增强。在客流规模方面，地铁日均客运量、最高客运量分别达569.94万乘次/日、777.58万乘次/日，运送乘客累计超100亿乘次，城市轨道交通占公共交通出行分担率超60%。从成都市2017年至2023年的日均客流量（见表3.2.1）可知，随着线网规模的扩大，客流量在不断攀升。

表3.2.1 成都地铁成网前后客流量（来源：成都市交通规划设计研究院有限公司）

单位：万人次

2017年	2018年	2019年	2020年	2021年	2022年	2023年
214.25	316.89	382.98	331.05	489.3	427.53	569.94

城市轨道交通线网中，由于各线路的网络结构位置、辐射范围、沿线人口经济等方面的不同，导致不同线路的客流量及变化有所不同，网络客流分布呈现不均衡状态。以成都市为例，2021年某日分线客流量如图3.2.2所示。其中：①穿越城市中心区域的线路客流量明显高于郊区线路客流量，如1、2线比9号线高；②平行走向的线路间的客流分担比率发生变化，如贯穿成都市南北通勤客流通道的5号线对1号线起到了一定的分流作用；③特殊用途线路（如通往机场的10号线、18号线）客流量较小；④路网中的环形线路客流量高于大部分放射线，如线网中的7号环形线路，由于其连接路网中的各个放射线，承担换乘客流量较大。

成都地铁分线客流记录

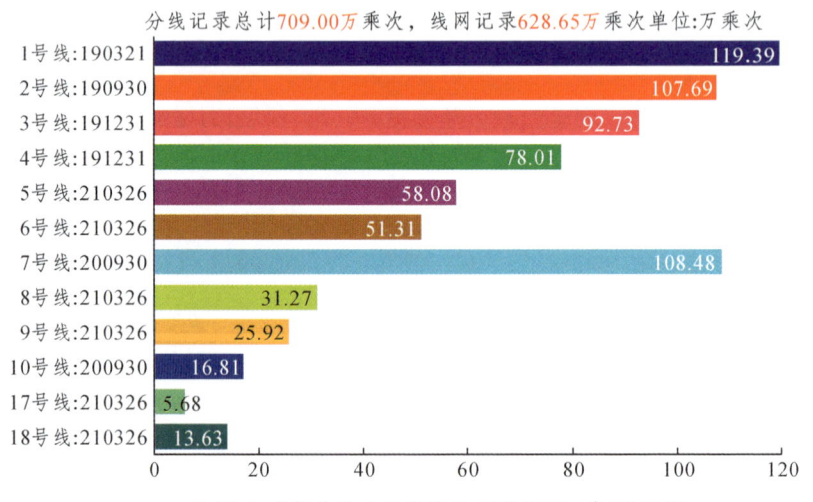

分线记录总计709.00万乘次，线网记录628.65万乘次 单位:万乘次

1号线:190321	119.39
2号线:190930	107.69
3号线:191231	92.73
4号线:191231	78.01
5号线:210326	58.08
6号线:210326	51.31
7号线:200930	108.48
8号线:210326	31.27
9号线:210326	25.92
10号线:200930	16.81
17号线:210326	5.68
18号线:210326	13.63

图二 成都地铁分线客流记录（截至2021年3月26日）

图3.2.2 2021年成都地铁某日分线客流记录
（来源：成都市交通规划设计研究院有限公司）

2. 成网条件下，客流变化规律复杂，换乘服务水平要求高

城轨网络化后，服务覆盖面广，由此也带来了客流变化的复杂性。

首先，单一城轨的客流主要是沿线路方向分布，解决的是沿直线范围内各车站间的客流往来，客流的变化规律比较容易掌握。当城轨线路成网后，客流吸引范围扩大，会使得单一线路上的客流分配发生变化，特别是当路网上某一个点的客流因外部因素引发客流突变时，会波及整个网络客流的分布，客流变化规律复杂，给运输组织中客流组织带来困难。

其次，城轨网络化带来换乘服务水平的提高，对客流结构影响明显，从上海、广州等地铁运营经验看，换乘客流的比例将大大增加到总客流的1/4或1/3。由此，线路之间的相互关联度大大增强。这就要求轨道交通在运营过程中要重点考虑换乘站和换乘客流，对路网换乘站各线列车到发衔接进行控制，以减少乘客的总换乘时间，从而保证城市轨道交通出行的便捷性和舒适性，提高乘客满意度。如果城市轨道交通仅考虑单线运营，忽视网络中各线间相互影响，则很难满足客流复杂性需求。这些对网络客流的统筹组织提出新的要求，尤其对运能组织调度、系统运行的联动和网络资源的共享等提出更高要求。

3. 成网条件下，行车组织方式变得多样复杂，行车指挥、调整的难度不断加大

城轨网络从单线独立运行到多线网络运行，网络系统整体运行功能得到体现。网络结构的复杂化和客流的迅速发展，使得复杂多样的行车组织方式成为必然。网络内线路根据各自客流特点可采取非站站停、多交路套跑、支线或共线运营等复杂运营组织方式，使网络运营效率得到提升。

例如，上海地铁16号线为了适应客流特征及乘客需求，缩短普通车间隔，采用快慢车运营组织方式，将列车分为站站停、大站停、直达车3类，停站方案如图3.2.3所示，其中快车沿线只在龙阳路、罗山路、新场、惠南、临港大道、滴水湖等站停车。大站快车单程运行时间比普通车缩短12 min，直达车较普通车省时约20 min，较大站车省时约9 min，极大方便了乘客出行，提高了线路综合运营效益。

了不起的列车运行图

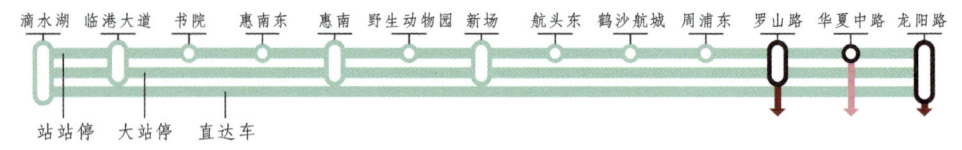

图3.2.3　上海地铁16号线停站方案示意图（来源：上海地铁）

成都地铁1号线由于包含支线段（四河站—五根松站），因此，往南行进有两个方向，一个是五根松方向，一个是科学城方向，开通后采取"Y"形运营交路，即是采用起点站韦家碾至五根松、韦家碾至科学城1∶1开行的行车组织方式。

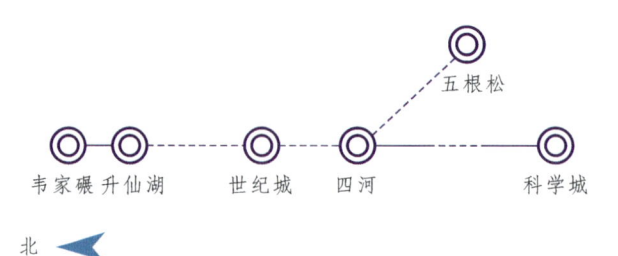

图3.2.4　成都地铁1号线 "Y"字形交路示意图（来源：成都地铁）

除此之外，网络系统存在的线路特征个性化、技术水平差异化、设备制式多样化等情况，复杂多样的线路结构和行车组织方式，以及列车延误因素的多样化，加上延误在网络中的传递效应，使得各线路日常及紧急情况下的客运组织、行车指挥、调整等工作难度不断加大。

4. 成网条件下，运营安全保障性要求高

城轨网络化运营能提高整个城轨网络线路的运行效率，提高轨道交通的服务水平，改善乘客的出行环境，优化资源配置。北京、上海、广州和成都等城市的地铁日常客流都超过500万人，城市交通越来越依赖城轨网络，因此，城轨网络对城市经济、社会活动具有非常重要的影响。但随之而来的是，城轨网络运营安全的保障问题日益突显。与传统的单线运营相比，突发事件给网络化运营阶段的轨道交通系统带来的负面影响更为突出，极易造成行车事故、乘客伤亡事件，如果遇到突发事件，必须考虑线路间的协调，以尽快消除突发事件带来的影响。

以某市地铁为例，其地铁8号线一列车在某个车站因车载故障，影响上行后续部分列车延误，部分列车被迫临时停车。成网条件下，该突发事件通过8号线的换乘站，影响了与8号线相衔接的线路，则此时需进行线网协调调度，消除突发事件带来的影响。为了保障城轨网络运营安全问题，很多城轨公司都建成路网级的轨道交通指挥中心，把所有的线路控制中心从原来的一条线一个控制中心整合到了路网指挥中心进行统一的调度指挥，并通过建设智能化综合信息系统管理平台，实现轨道交通行车、客运、应急指挥信息的"信息集中"，在突发事件处置的时候，能够快速响应各类突发事件，迅速协调各个车站和线路的运输资源，制定相应的应急预案，进行合理分配和调度。

第二节 成网条件下的城轨列车运行图编制

在单线运营条件下，城轨列车运行图的编制比较简单，但在线网运营条件下，由于线路的相互关联和影响，客流需求和运营组织新的特点反映在列车运行图的编制上，出现以下需求特点。

一、线网上列车在换乘站的接续协调

当单一地铁线采用组合式交路时，也存在旅客换乘，但换乘的处理比较简单。而当城轨成网后，就提供了旅客更大的出行范围，为最大程度满足旅客出行选择要求，要制订邻线间的换乘方案，这时要检测换乘站两条线路上列车运行时刻是否在该站具有较好的换乘衔接关系。如果衔接不好就会导致客流滞留换乘站台、乘客满意度降低、下一趟列车的开关门时间可能延长、车厢出现拥挤等，不利于客流组织和行车组织。随着未来不断有新的线路投入运营，换乘站增多，一条线路将有多个站与不同的线路换乘，列车运行需要满足换乘衔接的考虑将成为一个关键点。

换乘站列车运行衔接的协调即为在换乘站交会的线路之间列车的发到时间的配合，使得乘客可以在换乘站快速、便捷地换乘，通常体现在乘客换乘等待时间长短。换乘等待时间指换乘乘客在换乘站由换出线路站台走行到换入线路站台后，在该站台等候换乘到接续的换入列车所需要的时间。在乘客换乘时可能出现以下3种情况，如图3.2.5所示：（a）乘客在换乘过程中

走行较快，到达换入线路站台时，衔接的换乘列车还未到达，需要等待接续列车进站，此时乘客等待时间小于列车发车间隔；（b）换乘乘客到达换入线路站台时，衔接的换乘列车刚好或已经到达，乘客换乘等待时间为0，为最理想情况；（c）换乘乘客到达换入线路站台时，衔接的换乘列车刚好出发，此时换乘乘客需等待下一列车进站，乘客换乘等待时间为换入线路的列车发车间隔，换乘等待时间最长，这种情况也称为刚好错过（just miss），一般情况下应尽可能避免出现这种情况。

是否会出现换乘等待时间超过列车发车间隔的情况呢？当衔接的换乘列车过度拥挤或异常运营条件下换乘列车发生延误而导致站台上的乘客无法上车的，换乘等待时间大于列车的发车间隔。如果这种情况经常发生，则应通过精确估算客流量，调整优化列车运行图来避免。

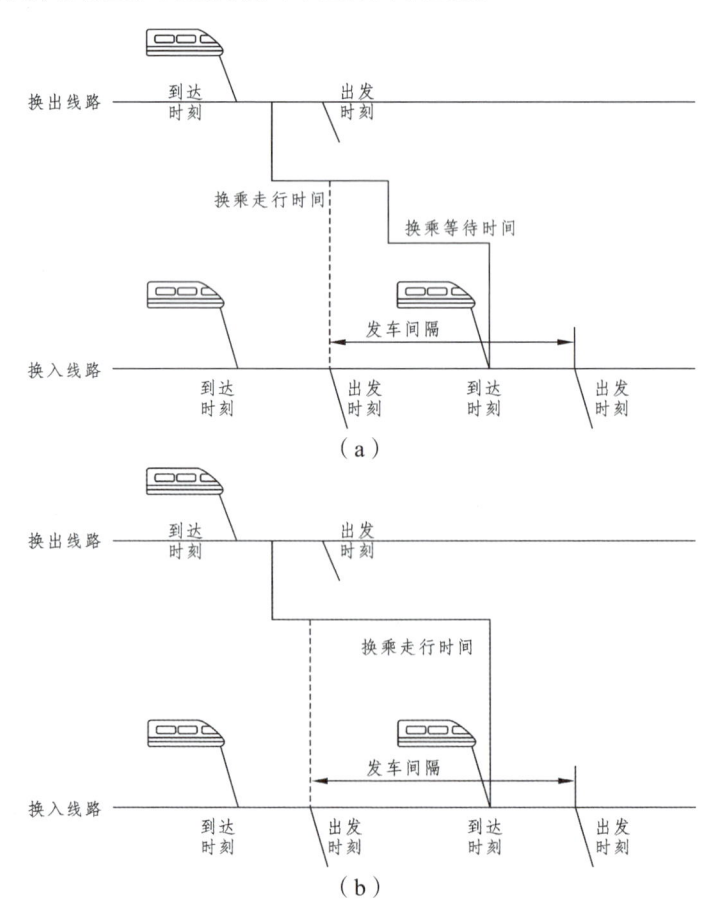

（a）

（b）

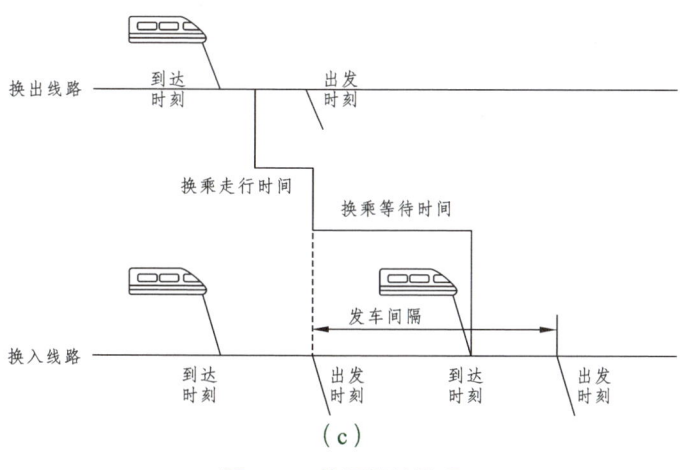

图3.2.5　换乘衔接情况

成网条件下，城市轨道交通列车运行图编制就是需要协调城市轨道交通网络中各线路列车在换乘站的到达和出发时间，尽可能缩短乘客的换乘等待时间。

二、首末班列车在换乘站的接续协调

首末班车协调即线网内不同线路首班车或末班车在换乘站的发到时刻与其他衔接列车配合良好，使得乘客可以在早、晚间顺利出行，实际上就是换乘站列车衔接协调的一种特殊情况。为路网运营组织、联网售票、列车运行合理控制提供保障，对城市轨道交通列车运行图的编制具有重要意义。

首末班列车在换乘站的接续过程与常态平峰时段列车接续相似，不同之处在于首班列车前无其他列车，末班列车后无其他列车。

1. 首班车接续特点

首班车时段与早高峰时段间隔较近，客流量由小逐渐增多，且客流具有较为明显的方向性，如市郊到市中心，或跨市区的通勤客流。乘客对于换乘等待时间和换乘次数等方面更为注重。因此，首班车衔接更注重时间上的衔接良好。对于首班列车，通常尽可能地减少乘客换乘等待时间，提高路网首班列车接续合理性。特别的是处于市郊的线路首班车到达与市区线衔接的换乘站时，其到达时刻应比换乘线路首班车到达换乘站的时刻早。下面两种情况中，图3.2.6（a）比图3.2.6（b）的首班车接续性好。

了不起的列车运行图

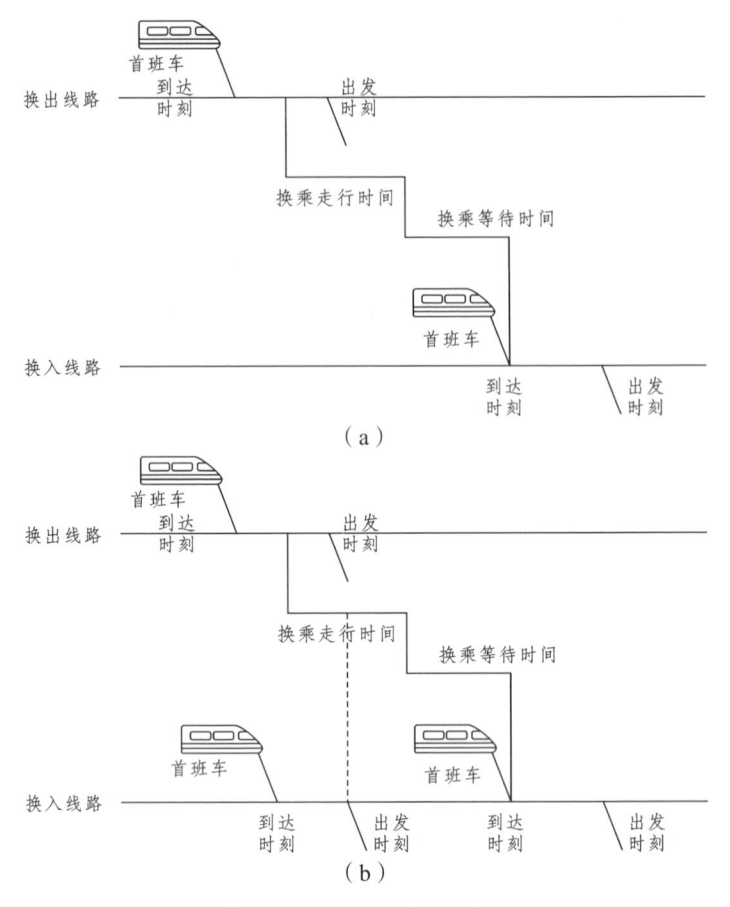

图3.2.6 首班车衔接示意图

2. 末班车接续特点

末班车时段客流较少，客流方向多为从市中心到市郊，乘客更注重能否赶上末班车或搭乘末班车能否顺利换乘，即末班车乘客更注重可达性。为了满足末班车时段的客流从市中心到市郊流动的需求，位于市郊的线路末班车到达换乘站时的到达时刻比市区线末班车到达换乘站的时刻晚时，末班车协调性良好。从市区线转向非市区线的末班车之间上下行两个方向的换乘无法兼顾时，主要照顾客流更多的方向，另一方向的乘客可以采用其他交通工具换乘。

如果一条线路的乘客乘坐末班车到换乘站换乘另一线路，可以成功进入换入线路的列车或末班车，均视为末班车衔接成功，如图3.2.7（a）所示；

若乘客乘坐末班车或非末班车换乘到另一线路，经换乘站换乘时，换入线路的末班车已经出发，则视为末班车衔接失败，如图3.2.7（b）所示。

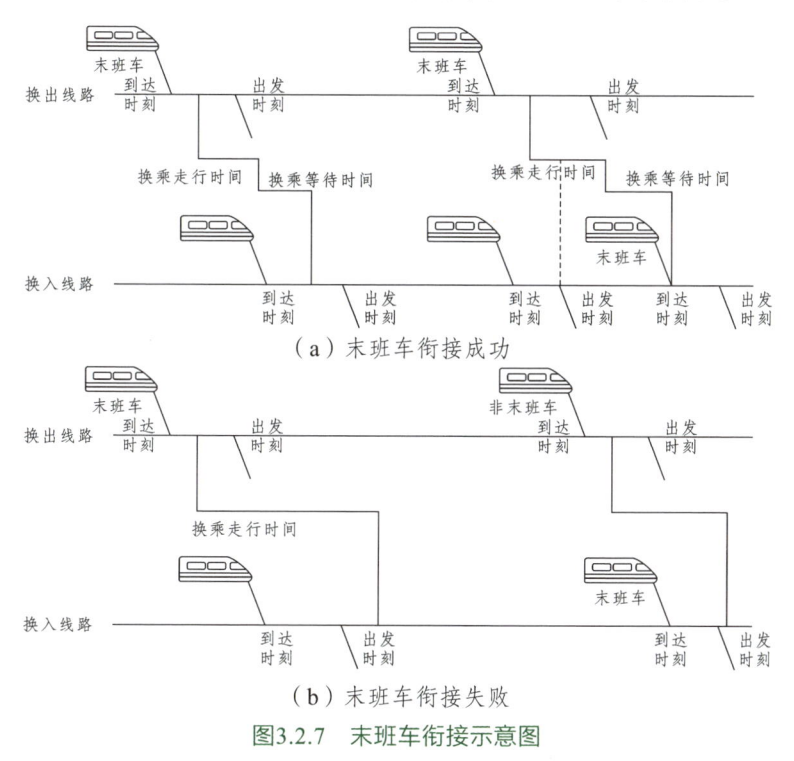

（a）末班车衔接成功

（b）末班车衔接失败

图3.2.7　末班车衔接示意图

三、列车运行交路方案的优化

在线网条件下，各个区段客流量不均衡的情况将更加明显，采用合理的列车运行交路安排是列车运行计划的一个重要组成部分。列车运行交路计划规定了列车的运行区段，折返车站和按不同交路运行的列车对数。合理的交路既能提高列车和车辆运用效率，避免运能虚耗，降低运营成本，又能给与乘客较大的方便。因此，如何优化列车运行交路方案，是提高行车组织质量的重要环节。

目前，针对单线运营条件，采用较多的是单一交路方案。单一交路的行车组织方式，一方面难以有效地利用运输能力和列车车底，另一方面也难以保证各客流区段的合理列车开行间隔，从而无法满足旅客的出行需要。因此，可以考虑采用多种交路组合的形式，如大小交路嵌套、大小交路衔接、

Y字形交路等，共线交路形式对满足运输需求、提高服务水平和运营效益、有效利用运输能力具有十分明显的作用。从国外地铁运行情况看，当地铁线路成网后，列车运行的范围甚至可以延伸到其他线路上，这样使得运行交路方案规模更大，列车使用更加灵活。线网条件下，列车运行交路优化的要求比单线运行条件下更高。

四、线路间通过能力的检算及协调

通过能力是指在采用一定的车辆类型、信号设备和行车组织方法条件下，轨道交通系统线路的各项固定设备在单位时间内（通常是高峰小时）所能通过的列车数。通过能力主要取决于线路通过能力、列车折返设备能力、车辆段设备能力、供电能力等。线网条件下，列车运行计划可行方案规模大，对不同的方案都必须进行通过能力的检算，如果列车运行交路是衔接交路模式，不同交路列车相互独立运行，衔接站（多种交路的中间折返站）的折返和换乘能力将成为整个线路能力的瓶颈。因此，通过能力的计算和协调比单线条件下复杂。

列车满载率是指运营线路运营一段时间断面客运量与实际运输能力之比，用以表示列车的拥挤程度，是评估线路运力利用程度的重要依据。通过统计客流情况，可以计算高峰期列车平均满载率、平峰期列车平均满载率、全日列车平均满载率、最大断面满载率、满载率高于100%的时间比、工作日早高峰最大满载率、工作日晚高峰最大满载率、工作日平峰最大满载率等指标。

五、成网条件下城市轨道交通列车运行图的编制

现有一个由4条轨道线路组成的轨道网络，其中车站b、d、g、i为换乘站，乘客在各换乘站的换乘走行时间均为1.5 min，如图3.2.8所示。

应用线网列车运行图一体化编制系统进行成网条件下的城市轨道交通列车运行图的编制，主要过程如下。

1. 单线列车运行图编制

确定各线路基本要素、全日计划、停站方案、交路等，分别编制出线路1、线路2、线路3与线路4的单一线路列车运行图。

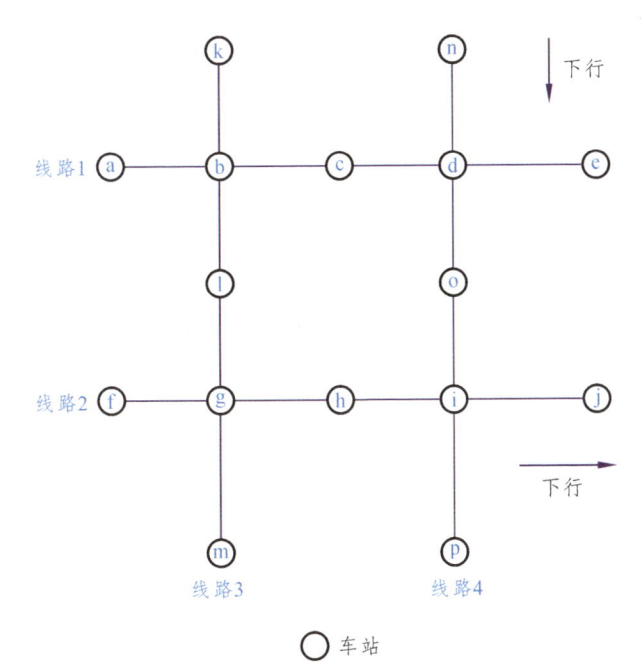

图3.2.8 某简单轨道线网示意图

2. 换乘衔接协调性指标统计

计算并统计当前换乘衔接协调性指标，如列车衔接方案（首末班车衔接方案、换乘站列车衔接方案）、换乘时间等。指标形式见表3.2.2和表3.2.3。

通过这些指标可以评估出由当前单线列车运行图组成的线网列车运行图协调性的优劣。

表3.2.2 首班车衔接方案

线路：线路1			首末班车：首班车				方向：下行		
换乘站	线路	方向	换乘线路名	方向	衔接列车	到达时刻	出发时刻	是否衔接	换乘等待时间（分:秒）	评估结果
b	线路1	下行	线路3	下行	0000101→0000301	6:12:00	6:15:00	是	01:30	衔接，衔接方案优
d	线路1	下行	线路4	下行	0000101→0000402	6:18:00	6:25:00	是	04:30	衔接，衔接方案差

表3.2.3 换乘站列车衔接方案表

换乘站	起始线路	方向	换乘线路	方向	衔接列车	换乘等待时间	评估结果
i	线路2	下行	线路4	上行	0000226→0100431	04:30	衔接，衔接方案较差
i	线路2	下行	线路4	上行	0000227→0100432	04:30	衔接，衔接方案较差
i	线路2	下行	线路4	上行	0000228→0100433	04:30	衔接，衔接方案较差

3. 单线列车运行图调整

根据得到的换乘衔接协调性指标，进一步设置调整方案，对应调整相关列车的运行线，使线网列车衔接协调性更优。

例1：由表3.2.2可知，线路4的首班车时间设置不太合理，造成乘坐线路1下行首班车的乘客在换乘站d无法换乘到线路4下行首班车，且乘客换乘等待时间较长，线网首班列车接续较差。可针对性地调整线路4下行首班车发车时间，后续列车依次按新的首班车发车时间编制，部分调整情况如图3.2.9所示，图中红色运行线为调整后的列车运行线，t表示乘客换乘走行时间。

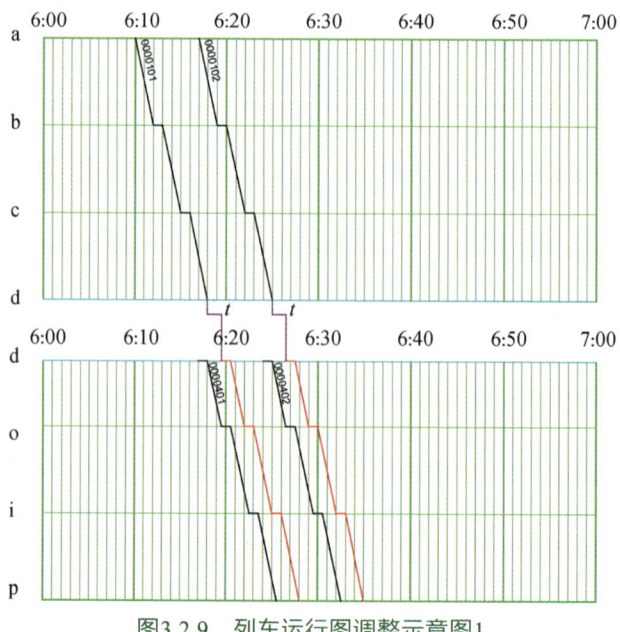

图3.2.9 列车运行图调整示意图1

例2：线路2与线路4交会的换乘站d某些列车衔接，乘客换乘等待时间较长，则可相应地调整这些相关列车运行线，大大减少乘客换乘等待的时间，使网络衔接更优，部分调整情况如图3.2.10所示，图中红色运行线为调整后的列车运行线，t表示乘客换乘走行时间。

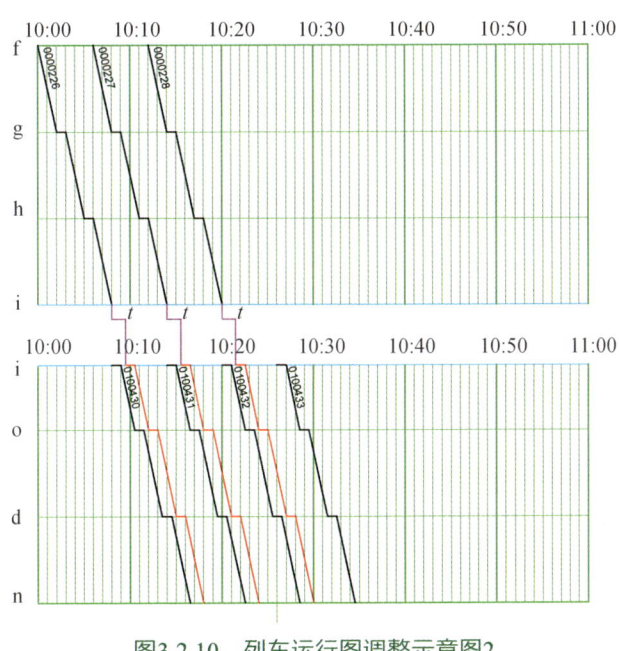

图3.2.10　列车运行图调整示意图2

4. 线网列车运行图生成

线路协同调整得到的各线路的列车运行图，则组成整体协调性好的线网列车运行图。计算机编制得到线网列车运行图形式如图3.2.11所示。

在城轨交通网络成网的情况下，列车运行图不仅要考虑单条线路的列车运行计划，还要考虑多条线路之间的协同和衔接，这需要建立一个全面、高效的线网城轨列车运行图编图体系，成网条件下的城轨列车运行图编制面临着更高的责任和挑战。

了不起的列车运行图

图 3.2.11 线网列车运行图

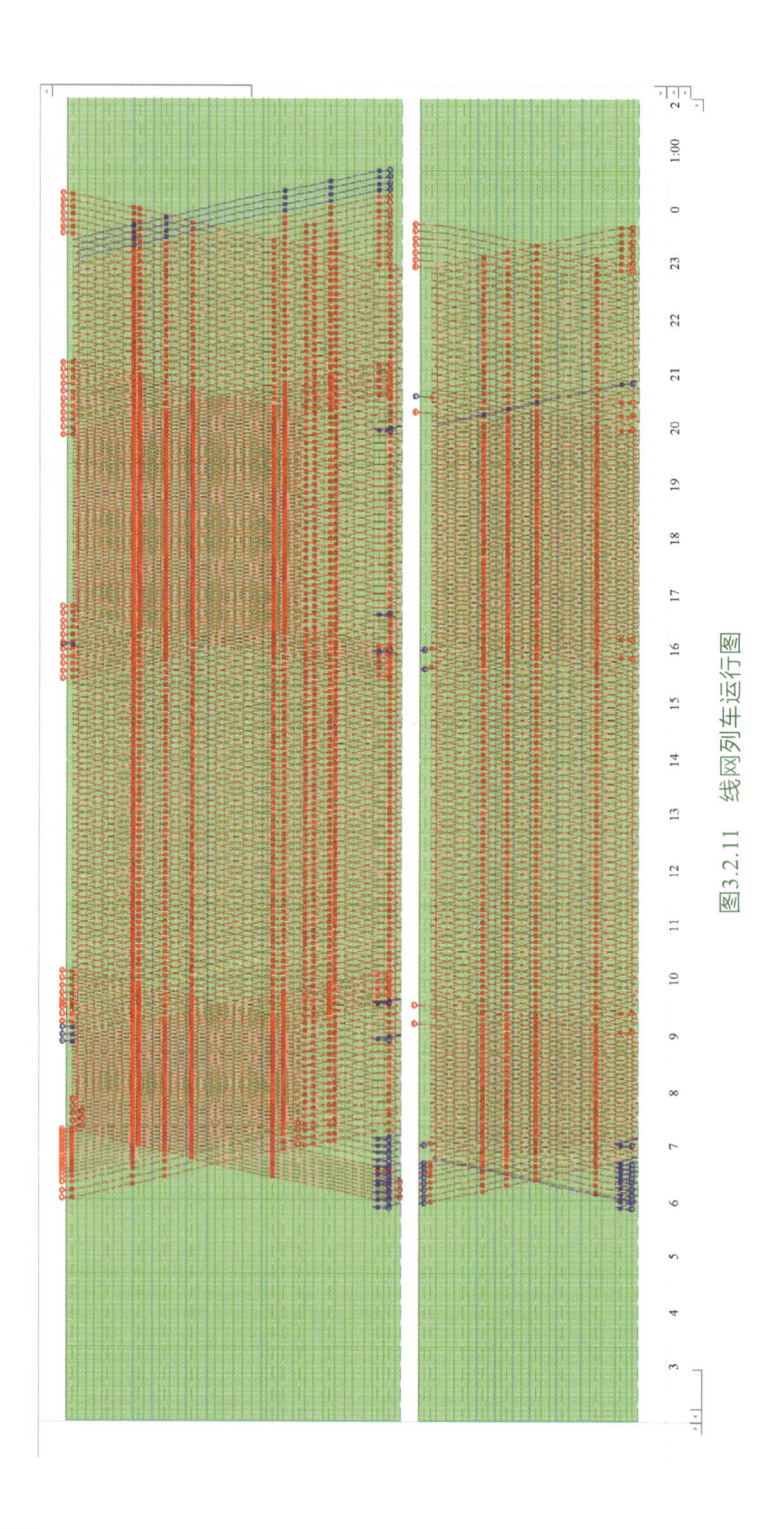

第三章　奔向未来的城轨列车运行图

第一节　城轨列车运行图编制发展动态

近年来，国内外优秀的学者以及轨道交通运营管理人员在轨道交通列车运行图编制相关理论研究和实际应用中已经做出了杰出的贡献，形成了丰富的成果，值得后来者去学习和借鉴。

一、列车运行图编制方法理论的研究

在国内，针对不同模式下的单线列车运行图编制研究，以及网络列车运行图协同优化研究均比较成熟，且主要从编制参数、不同交路模式、不同停站模式、一体化编制、网络周期运行图等方面进行研究。

在国外，针对不同模式下的单线列车运行图编制理论研究也较成熟，且重点对客流变化与列车运行图编制之间的关系进行研究。除此之外，一些学者也将其他运输计划（如列车开行方案、车底运用计划等）及列车运行图编制结合起来进行研究。

二、列车运行图编制技术的研究

以往的列车运行图通常是手工编制，是一项十分复杂繁琐的工作。如今，先进信号系统、计算机技术以及智能网络技术的高速发展，孕育了更加先进计算机编制列车运行图的技术，国内外开始广泛采用计算机编制列车运行图。

在国内，城市轨道交通已广泛采用第三方编图软件。在初期，计算机编制列车运行图有应用信号系统自带编图软件时所存在的不同线路编图软件各不相同的情况，存在计算机自动化编制水平较低、效率较低等缺陷。现在的列车运行图计算机编制技术已经解决了上述缺陷，但仍面临着一些重大挑

战,如计算机编制城市轨道交通线网列车运行图时,难以很好地统一编制和管理线网列车运行图,编制得到的不同线路列车运行图间衔接程度、协同性较差,编制效率及质量有待提高等。针对这些问题,需要研究设计更高效、更先进、更智能的城市轨道交通线网列车运行图编制一体化系统,实现线网列车运行图统一编制和管理,提高线网运行图的协同性,提升城市轨道交通线网运输组织水平。目前,国内多个科研团队,如同济大学、西南交通大学等都积极开展了城市轨道交通线网列车运行图编制系统的研究,取得了较好的成果。下面主要介绍西南交通大学的研究成果。

西南交通大学在城市轨道交通列车运行图编制、线网列车运行图编制及评估、多制式区域轨道交通运输计划编制、城市轨道交通运营组织计算机辅助设计等方面具有丰富的理论和大量的实践经验。前瞻性地研发了区域轨道交通运输计划协同编制系统,系统集客流分析、运力运能分析配置、多制式线网列车运行图编制、列车运行图评估等功能于一体,可以实现高速铁路、城际高铁、市郊铁路、城市轨道交通等多制式的轨道交通列车运行图一体化编制。图3.3.1~图3.3.3展示了线网城轨列车运行图编制系统的主要功能及界面。

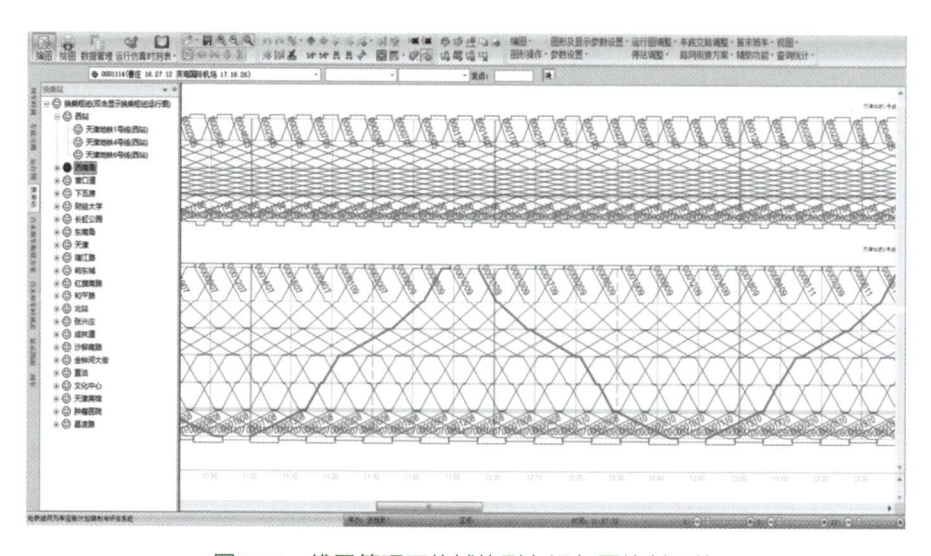

图3.3.1 线网管理下的城轨列车运行图编制系统

图3.3.2　城轨枢纽换乘方案评估

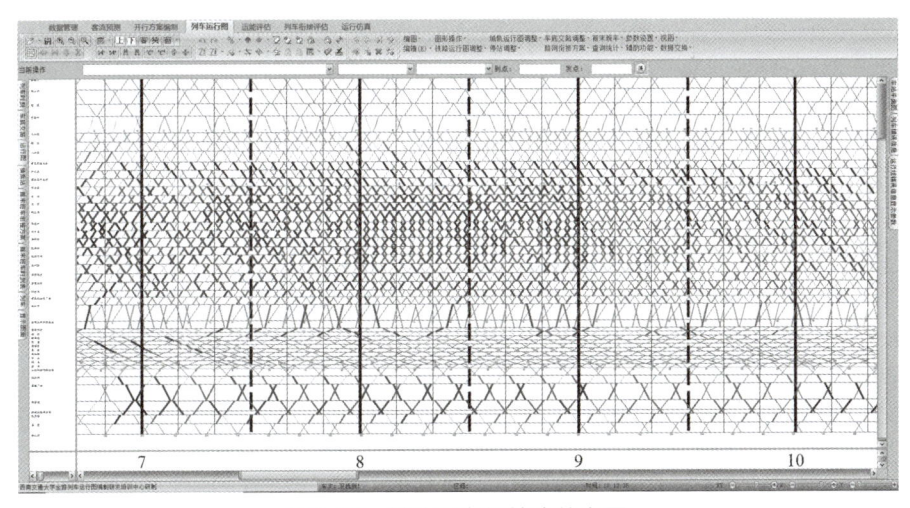

图3.3.3　城轨列车拥挤度热力图

在国外，从20世纪50年代末就开始研究计算机编制列车运行图，日本、英国、德国、比利时、加拿大等先后进行了计算机编图的研究与试验，开发了相应的列车运行图编制系统。

目前，许多国家的列车运行图编制系统在智能化、系统化、精细化方面有了进一步发展，并积极研究、开发基于网络化运营的智能轨道交通运输组织系统，取得较大进展。

德国的Falko时刻表和运行图生成系统，是基于列车运行仿真环境下高度自动化模拟运输计划编制的工具；Ontime等系统能针对输入的时刻表，给出质量评估指标，并详细说明列车时刻表相应变化的影响和调整策略。瑞士的列车运行与控制系统RCS等，能实现线网列车运行图自动编制与调整，并可预测列车冲突，据此自动给出相应调整优化方案。日本利用新一代IT集成融合技术研究开发轨道交通智能运输系统CyberRail，在紧急情况下发挥作用，实现应急运输组织协同。荷兰DONS系统能自动将用户相关决策要求转化为列车时刻表的约束条件，由此自动生成满足约束的列车时刻表等。

国外列车运行图编制系统功能比较见表3.3.1。

表3.3.1 国外列车运行图编制系统功能对比

系统	国家	主要功能				
		客流分析	数据管理	运输计划评估	线网列车运行图协同编制	列车运行衔接优化
Falko	德国		√	√	√	√
Ontime	德国			√		
RCS	瑞士	√	√		√	√
CyberRail	日本	√	√	√	√	√
DONS	荷兰		√		√	√

第二节 各具特色的城轨运行图

一、非站站停列车运行图

随着我国经济迅速发展，城市规模不断向外扩张，越来越多外来人口来城市定居，由于城市早期规划建设的局限性，城市的道路无法随着人口的增长而扩建，交通量增多造成城市道路拥堵、环境污染等问题，城市轨道交通凭借其容量大、运输效率高、安全性能强及准点率高、绿色便捷等诸多优势高速发展，在很大程度上解决了城市公共交通供需不均的现状。

城市轨道线路长度不断增加以及网络规模不断扩大，沿线客流时空分布不均衡性也越来越明显，各站点乘降量差距也逐渐变大。此时，若仍采用传统站站停开行方案，不进行运营组织模式的创新，势必导致乘客旅行时间过长、运营成本过高、运营服务质量差等问题。此时，舍弃传统方案，实行非站站停的列车开行方案，能在满足乘客出行多样化需求的同时，提高线路运营效益。

目前，非站站停开行方案已在国外部分大城市得到普遍应用，如纽约长岛通勤线、巴黎RER A线、东京地铁新宿线等应用快慢车方案，费城地铁蓝线及纽约地铁纳苏线在高峰时期应用跨站停方案，巴黎 RER B线运用区域停方案等。上海地铁16号线作为国内首条应用快慢车方案的城市轨道线路，其快车采取大站直达方案；成都地铁18号线采用快慢车的运行模式，极大方便了乘客在机场与火车站之间的通勤。

应用非站站停开行方案，则编制得到相应的非站站停列车运行图，如快慢车列车运行图、区域停列车运行图等。

图3.3.4所示为一张快慢车列车运行图，其中，02、04、08、012、016、020、024、028、032是快车，只在其中一些车站停车；其他车次是慢车，每一站都停车。

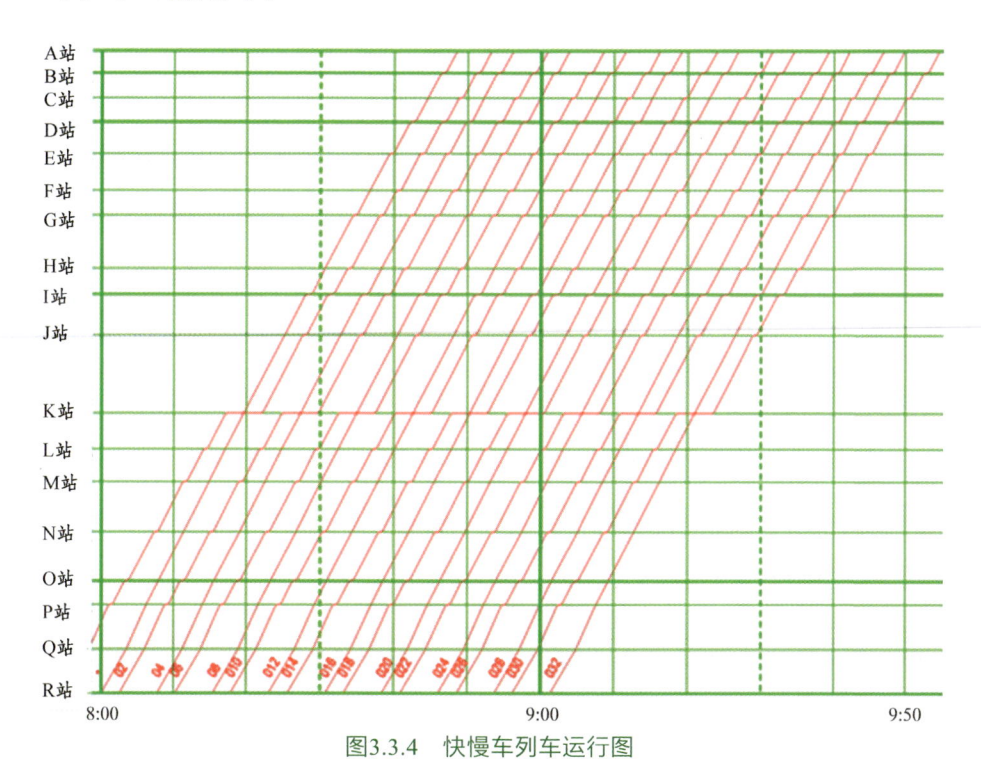

图3.3.4 快慢车列车运行图

图3.3.5 是一张区域停列车运行图，其中，02、04、012、016、020、024次列车只在区域J—R间停车，06、08、010、014、018、022次列车只在区段A—J间运行并停车。

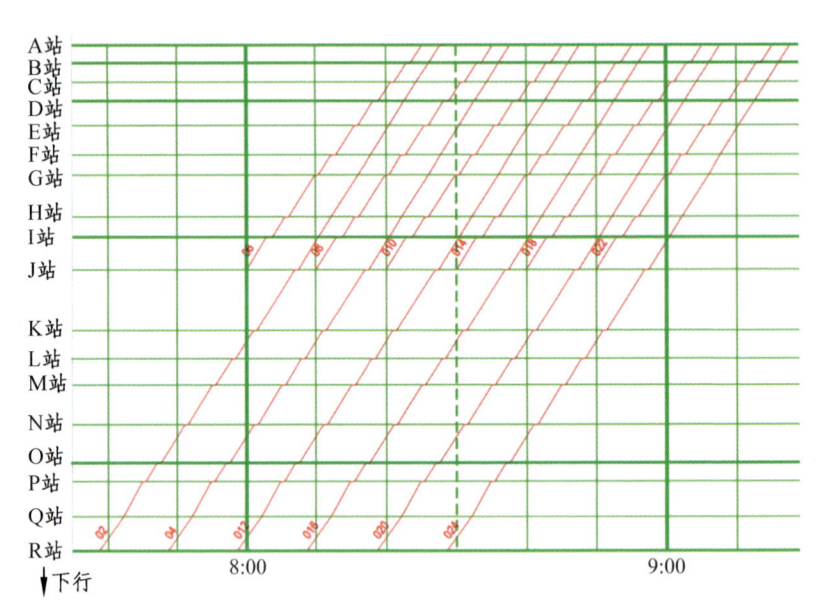

图3.3.5　区域停列车运行图

二、新兴的轨道交通运输模式

除此之外，还有一些新出现的或者新崛起的轨道交通运输模式正在被应用。

1. 跨线运输模式

在城市轨道交通传统的单一运输组织模式下，各线路独立运营、互不干扰，列车仅在本线路轨道上行驶，运营方式简单，各线路通过换乘站紧密连接，乘客通过换乘站在各线路间换乘，换乘站是整个城市轨道交通线网的关键点，也通常是客流聚集的站点。

但是，随着城市化不断推进、轨道线网不断扩大，应用何种运输组织模式，以提高整个轨道交通线网的运输能力和运输效率，提高乘客出行直达率，减少换乘次数，缩短出行时间，提升轨道交通线网服务水平，成为当前我国城市轨道交通面临的一个重要问题。

此时，城市轨道交通系统发展出一种创新的运输模式，即跨线运输模式。在该模式下，列车可通过联络线从原线进入其他线路运行，各线路之间产生关联和干扰。这种从原线跨入其他线路的列车称为跨线列车，不跨入其他线路按照原线路运行的列车称为本线列车。值得注意的是，当实施跨线运输组织模式时，列车跨出线路的行车间隔会发生变化，列车跨入的关联线路也会受到一定程度的影响，此时列车运行图应根据实际情况进行调整。

开行跨线运输组织模式能够减少乘客换乘次数，以此节约在换乘站的走行时间，提高乘客的全网直通性，减少换乘站的客流压力。目前，有广州、北京、重庆等多个地区的城市轨道交通应用了跨线运营组织模式。如广州地铁已开行了部分跨线直达列车，避免因体育西路站庞大的换乘客流造成人流对向冲突；北京地铁1号线与八通线于2021年8月29日首班车起跨线运营，实现城市中心区与副中心的双向无换乘直达，大幅减少乘客通行时间，提高通行效率，改善出行体验。

2. 四网融合运输模式

近年来，我国积极推进新型城镇化建设，大力发展都市圈、城市群建设，其中轨道交通起着至关重要的作用。与此同时，随着都市圈、城市群的形成与发展，轨道交通呈现多制式、网络化发展趋势。国家发改委于2019年发布《关于培育发展现代化都市圈的指导意见》，提出推动干线铁路、城际铁路、市域（郊）铁路、城市轨道交通"四网融合"，打造"轨道上的都市圈"；中国城市轨道交通协会、中国国铁集团也先后发布相关纲要，提出轨道交通多网融合规划，四网融合已成为我国轨道交通发展趋势之一。

从名称上来看，"四网融合"指在都市圈范围内将干线铁路、城际铁路、市域（郊）铁路、城市轨道交通进行统筹融合，"四网"的特性见表3.3.2。在四网融合的大环境下，各种轨道交通方式相互补充，不同轨道线路相互衔接，随之轨道交通运营模式发生改变——由单方式相对独立运营逐渐转向多方式一体化运营，形成轨道交通运营组织新局面。相应地，在列车运行图编制方面也出现了新局面，图3.3.6展示了西南交通大学城轨运行图编制系统中，四网协调编制下的列车运行图。

了不起的列车运行图

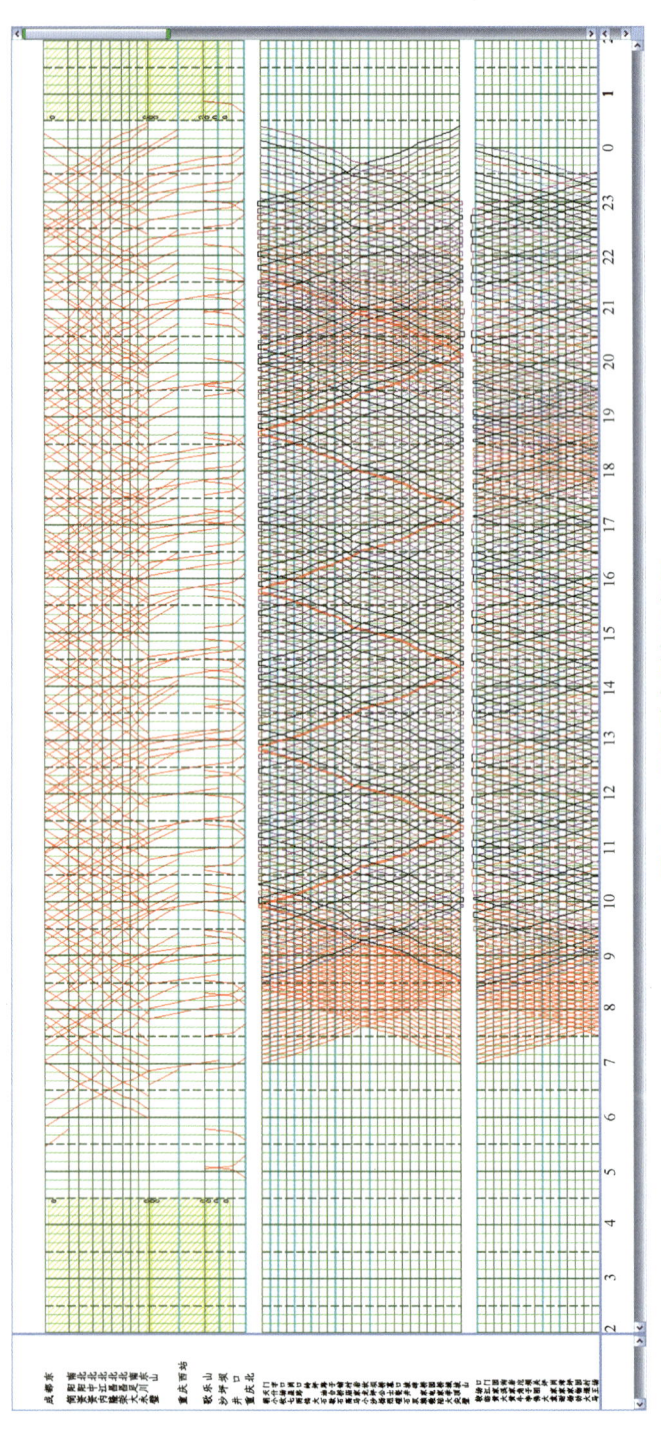

图3.3.6 四网融合列车运行图

表3.3.2 "四网"特性

轨道交通分类	功能定位	主要客流	设计速度/（km/h）	平均站间距/km
干线铁路	都市圈对外联系等	都市圈对外联系	250及以上（高速） 160及以下（普速）	30~60 10~40
城际铁路	城际交流	城际交流	160~250	5~20
市域（郊）铁路	都市圈通勤交通	都市圈通勤、休闲	100~160	3~7
城市轨道交通	市内通勤、通学等	市区通勤、上学、日常出行	80~120	0.5~1

三、城市轨道交通列车运行图发展趋势

随着交通运输行业的发展、社会要求以及科学技术的不断变化，城市轨道交通列车运行图的研究逐渐呈现以下趋势。

1. 智能化发展

我国城市轨道交通网络的迅猛发展，运行图编制复杂性与难度加大，则运行图的编制管理、方法、软件随之不断改进，越发趋于智能化发展。

在新一轮科技革命和产业变革的推动下，城市建设向着"智慧城市"发展，城市轨道交通运行图也要紧跟"智慧城市"发展的步伐，充分运用新一代信息技术如大数据、云计算、物联网、AI技术、5G等，与城市轨道交通运输组织的集成融合，实现运行图编制的智能化、信息化，构建智慧城市轨道交通。

2. 动态化编制与调整

近年来，我国城市轨道交通的换乘站点及客流需求不断增长，运营条件更加复杂，列车运行组织受到客流变化、突发事件干扰等因素的影响更加频繁，传统的静态列车运行图编制及调整，无法及时对客流运输需求做出响应和满足乘客的出行需求，无法保证运输安全及高效运行效率。未来的研究中，可通过大数据、云计算等先进技术，收集和分析列车运行数据、客流数据等信息，为城轨列车运行图的动态编制和调整提供有力支持。同时，还可以实现与乘客服务、设施维护等系统的信息共享，确保城轨交通的安全、可靠和高效运营。

3. 轨道交通互联互通化发展

随着城市化进程的加速和区域间联系的加强，轨道交通的互联互通化发展已成为城市及城市群交通一体化的重要支撑。通过实现轨道交通网络之间的衔接与融合，将有助于提升城市群的交通效率和出行体验，进一步推动区域协同发展。未来的城轨运行图研究中有必要系统整合多制式轨道线路关系，通过研究线路间的互联互通运行方式，协调控制列车运行，灵活组织运营安排，实现互联互通下的网络化运营模式。

4. 绿色可持续发展

未来的城轨列车运行图将更加注重绿色可持续发展。通过采用清洁能源、提高能源利用效率等措施，将降低城轨列车对环境的影响，实现低碳、环保运行。运行图的设计将更加注重列车运行和车站运营的节能降耗和环境保护，推动城市交通向绿色、低碳方向转型。

展望未来，城轨列车运行图将与科技创新紧密结合，给城市交通带来革命性的变革。它不仅会提升城市交通的效率和品质，还将为城市的繁荣和发展注入强大动力。让我们共同期待这一美好的未来，迈向一个更智能、更绿色、更便捷的城轨交通新时代！

参考文献

[1] 王凯，倪少权．列车运行图计算机编制系统研究与应用综述[J]．交通运输工程与信息学报，2016，14（3）：75-82．

[2] 冯永泰．高速铁路列车晚点分析及系统设计[D]．成都：西南交通大学，2022．

[3] 刘文峰．关于客车实施"一日一图"的探讨[J]．高速铁路技术，2020（S2）：9-13．

[4] 梁智博．铁路新旧交替列车运行图编制方法及优化技术研究[D]．成都：西南交通大学，2022．

[5] 王骁，田志强，孙国锋，等．铁路重点旅客列车始发域优化研究[J]．铁道运输与经济，2020，42（2）：28-34．

[6] 章娅琳．高速铁路货运专列开行方案研究[D]．成都：西南交通大学，2022．

[7] 吴启琛．列车运行图研究综述[J]．综合运输，2022，44（11）：46-52．

[8] 刘勇．列车运行图是这样诞生的[J]．大陆桥视野，2004（6）：11-12．

[9] 凌飞翔．京沪高速铁路规格化列车运行图编制理论与评价研究[D]．成都：西南交通大学，2018．

[10] 李俊．高速铁路列车运行图编制优化及评价研究[D]．成都：西南交通大学，2014．

[11] 任向达．高速铁路列车运行图编制方法研究[D]．石家庄：石家庄铁道大学，2019．

[12] 史芮．京沪高速铁路列车运行图编制与管理问题研究[D]．成都：西南交通大学，2017．

[13] 王川．城市轨道交通列车运行图编制模型和算法研究[D]．成都：西南交通大学，2011．

[14] 房霄虹．城市轨道交通网络化运输组织协调理论及方法研究[D]．北京：北京交通大学，2011．

[15] 韩嘉. 关于城市轨道交通列车运行图编制的探讨[J]. 中国高新技术企业, 2012（26）：3.

[16] 王媛媛. 城市轨道交通列车运行图编制理论与方法研究[D]. 成都：西南交通大学, 2013.

[17] 王媛媛. 城市轨道交通列车运行图编制理论与方法[M]. 成都：西南交通大学出版社, 2015.

[18] 杜懿佳, 陈钉均, 吕红霞, 等. 城市轨道交通线网列车运行图协同编制系统功能研究[J]. 铁道运输与经济, 2022, 44（10）：99-104.

[19] 王莹. 城市轨道交通列车非站站停开行方案研究[D]. 北京：北京交通大学, 2018.

[20] 张宇, 林玉红. 都市圈轨道交通"四网融合"发展策略研究[J]. 铁道经济研究, 2022（4）：1-5.

[21] 田亮, 蔡洋, 顾孟琪. 城市轨道交通列车跨线运营组织模式分析与探讨[J]. 中国高新科技, 2021, 9：80-81

[22] 杨俊义. 城市轨道交通网络化条件下换乘协调优化研究[D]. 北京交通大学, 2021.

[23] 罗钦. 城市轨道交通运营组织与管理[M]. 成都：西南交通大学出版社, 2017.

[24] 史小薇, 刘炜. 城市轨道交通行车组织[M]. 重庆：重庆大学出版社, 2013.

[25] 黄树明, 杨皓男, 倪少权. 城市轨道交通线网列车运行图编制一体化系统设计[J]. 交通技术, 2021, 10（1）：9.

[26] 吴莹. 城市轨道交通网络列车运行图协同优化与评价[D]. 成都：西南交通大学, 2020.

[27] 孟令云, 冉峰, 王志强. 高速铁路列车运行图冗余时间优化布局系统研究[J]. 铁路计算机应用. 2012, 6：21（6）.

[28] 倪少权, 陈韬, 陈钉均. 铁路旅客运输组织[M]. 北京：科学出版社, 2019.

[29] 荣剑, 程谦, 曲思源. 列车运行图编制与管理[M]. 北京：中国铁道出版社, 2021.